Lieblingsplätze in und um München nachhaltig

Lieblingsplätze in und um München nachhaltig

GMEINER

Alexandra Achenbach

Autorin und Verlag haben alle Informationen geprüft. Gleichwohl wissen wir, dass sich Gegebenheiten im Verlauf der Zeit ändern, daher erfolgen alle Angaben ohne Gewähr. Sollten Sie Feedback haben, bitte schreiben Sie uns! Über Ihre Rückmeldung zum Buch freuen sich Autorin und Verlag: lieblingsplaetze@gmeiner-verlag.de

Aus Gründen der Lesbarkeit und Sprachästhetik wird in diesem Buch das generische Maskulinum verwendet. Mit der grammatischen Form sind ausdrücklich weibliche sowie alle anderen Geschlechtsidentitäten mit berücksichtigt, insofern dies durch die Aussage geboten ist.

Sofern nicht im Folgenden gelistet, stammen alle Bilder von Alexandra Achenbach: Natalie Kristina Riedel 20; 2022 Sozialgenossenschaft Bellevue di Monaco eG 24; Auryn 26; aboutgiven 2018 28; Lost Weekend 34; Rose Hajdu 48; Jasper Block Klinglwirt München 58; Poppy Farmer 60; Green City e.V. Melina Münchow 62; München Tourismus Thies Janknecht 68; Elli Fot 70; Stemmerhof Verwaltung 72; Servus Resi 74; DJH Bayern, Foto: Robert Pupeter 80; Bernd Wackerbauer 86; Kinder- und Jugendfarm Ramersdorf 88; 2020 Andreas Leder 96; Schels Hörger Biohotel 102; Fräulein Lose 106; Bauernhausmuseum Erding 110; Kathrin Nagy 112; MWU 116; amabile conceptstore 118; Herrmannsdorfer 122; BergTierPark Blindham 124; Anja Gevers 128; Verein Freunde Further Bad e.V. 130; Maximilian Sydow 134; Schlossgut Oberambach Robert Kittel 138; Der Obere Wirt zum Queri 140; Flo Hagena 142; Wolfgang Pulfer Fotografie 148; Stadt Dachau 154; Obergrashof 156;

QR-Code einscannen und kostenloses E-Book anfordern.

Besuchen Sie uns im Internet:
www.gmeiner-verlag.de

1. Auflage 2023

Im Ehnried 5, 88605 Meßkirch
Telefon 07575/2095-0
info@gmeiner-verlag.de

Lektorat/Redaktion: Anja Kästle
Herstellung: Julia Franze
Bildbearbeitung/Umschlaggestaltung: Susanne Lutz
unter Verwendung der Illustrationen von © natbasil, © SimpLine, GoodStudio – stock.adobe.com; © Susanne Lutz; © GDJ – pixabay.com
Kartendesign: © Maps4News.com/HERE
Druck: AZ Druck und Datentechnik GmbH, Kempten
Printed in Germany
ISBN 978-3-8392-0377-4

IN MÜNCHEN

INS UMLAND

UM MÜNCHEN

Weltstadt mit grünem Herz!

Nachhaltiges München

Mal ehrlich, woran denken Sie bei München als Erstes? Bayerische Landeshauptstadt? Oder an das berühmte Oktoberfest? Tatsächlich kann »Minga«, wie es seit jeher liebevoll von Einheimischen genannt wird, gleich mit einer ganzen Reihe von weltbekannten Highlights aufwarten. Fast unwillkürlich schießen einem die Klassiker wie die Biergärten mit ihrer »Gmiadlichkeit« (Gemütlichkeit), der FC Bayern oder Orte wie der Marienplatz, Schwabings legendäre Kneipen oder die berühmte Frauenkirche durch den Kopf. Doch was viele bislang nicht wissen, ist, dass die Landeshauptstadt zu all dem noch eine grüne Seite für ihre Bewohner und Besucher bereithält. Mal innovativ, mal traditionell. Mal versteckt und mal plakativ. An zahlreichen Ecken von München können Sie spannenden Innovationen begegnen, die Zeichen des Wandels entdecken und bereits heute nachhaltig und bewusst leben. Man muss nur wissen, wo man suchen soll, und genau hier komme ich ins Spiel.

Ich habe nun das große Vergnügen, Ihnen diese andere Seite meiner Lieblingsstadt vorzustellen. Und weil auch das Umland mehr zu bieten hat als Voralpenland-Romantik und Dorftradition, möchte ich Sie einladen, mit mir nicht nur die Stadt, sondern gleich eine ganze Region neu zu erkunden. Eine Region, die sich Ort für Ort, Laden für Laden und Café für Café auf den Weg macht in eine grünere Zukunft.

Am Anfang jedes Wandels stehen mutige Ideen und Menschen, die sich mit ihrem Engagement und Herzblut tagtäglich für Veränderung einsetzen. Ohne sie wäre dieses Buch unmöglich, es gäbe weder Naturerlebnispfade, noch Unverpacktläden für einen Einkauf ohne Plastikmüll. Es gäbe keine Schnippelpartys gegen Lebensmittelverschwendung und kein Urban Gardening. Und es gäbe keine Spur von den vielen Wirtshäusern, Hofläden und Cafés, die das konventionelle Terrain verlassen und kraftvoll neue Wege beschreiten. Höchste Zeit, all diese Menschen und ihre große Leidenschaft ins Rampenlicht zu stellen, oder? Also Bühne frei für bunte Geschichten und nachhaltige Lieblingsplätze in und um München.

Für noch mehr Nachhaltigkeit möchte ich Ihnen für Ihre Ausflüge eine Art Natur-Knigge mit auf den Weg geben. Denn was für uns Erholung und Freizeitspaß ist, bedeutet für Fauna und Flora leider oftmals Stress und Zerstörung. Mit diesen einfachen Tipps helfen

Sie, unsere Natur zu erhalten, und leisten einen wertvollen Beitrag zum Artenschutz.

Sieben Tipps für rücksichtsvolle Naturerlebnisse:

1. Achtung Brandgefahr
   Grillen und Feuer machen nur in ausgewiesenen Zonen. Bei trockener Witterung auf das Rauchen verzichten.
2. Müll ade
   Nehmen Sie Ihren kompletten Müll mit nach Hause. Das gilt auch für Zigarettenkippen, die mit Plastik, Schwermetallen und Toxinen Böden und Gewässer vergiften. Auch Müllsammeln tut nicht weh: Ein paar Handschuhe, eine ausrangierte Grillzange und eine Mülltüte und schon kann es losgehen, und die Natur atmet auf.
3. Hunde an die Leine und Hundekot mit nach Hause
   Freilaufende Hunde sind eine Gefahr für Wildtiere und kosten Rehe, Hasen und Co überlebenswichtige Energiereserven. Zudem bringt ihr Kot fragile Ökosysteme aus dem Gleichgewicht.
4. Bleiben Sie auf den Wegen
   In Naturschutzgebieten ist das Verlassen beschilderter Wege verboten. Aus gutem Grund, denn wer querfeldein läuft, schädigt die Vegetation und stresst Wildtiere unnötig.
5. Anschauen statt mit nach Hause nehmen
   Eine goldene Regel insbesondere in Schutzgebieten und für gefährdete Arten. Sonst gilt für Blumen, Wildkräuter, Pilze oder Beeren: nur in sehr geringen Mengen sammeln und darauf achten, die Vegetation nicht nachhaltig zu schädigen.
6. Genießen, aber mit Rücksicht
   Verhalten Sie sich in der Natur wie ein Gast. Seien Sie leise, achten Sie darauf, Wildtiere nicht zu bedrängen oder gar anzufassen. Respektieren Sie Schutzgebiete und zerstören Sie nichts mutwillig.
7. Schluss mit Stau und Abgasen
   Reisen Sie mit den öffentlichen Verkehrsmitteln, zu Fuß oder mit dem Fahrrad an. Das ist nicht nur gut für die Klimabilanz, sondern bedeutet dank fehlendem Stau oftmals mehr Erholung und Spaß für alle.

Ihre Alexandra Achenbach

IN MÜNCHEN

Rathaus mit bienen- und insektenfreundlicher Bepflanzung

1

Münchentrail, 10. Etappe
»Szenenwechsel«
Startpunkt: Eisbachwelle
am Haus der Kunst
Prinzregentenstraße 1
80538 München
www.muenchen-trail.de

MÜNCHEN ZU FUSS ENTDECKEN

Münchentrail Etappe 10: *Szenenwechsel*

Unsere grüne Münchentour beginnt mit einer spannenden Entdeckungsreise durch gleich fünf Viertel. 13,9 Kilometer Metropole mit all ihren Facetten, von der mondänen Residenzstadt bis hin zum ehemaligen Arbeiterviertel. Also rein in bequeme Schuhe, Wasserflasche aufgefüllt und los geht's auf den *Münchentrail.*

Das Besondere an dieser urbanen Wanderung? Das Wasser wird Sie stets begleiten. Die Münchner Bäche, Kanäle und nicht zuletzt die Isar prägen das Stadtbild bis heute und waren bis ins 19. Jahrhundert von entscheidender Bedeutung für die wirtschaftliche Entwicklung Münchens. Sie lieferten Brauchwasser und Energie für Getreidemühlen, Sägewerke und Pumpen und wurden als wichtiges Transportmittel vor allem für Holz genutzt. Mittlerweile entdeckt die Stadtplanung den Wert der Stadtbäche neu: als Orte der Erholung, aber auch als natürliche Klimaanlagen gegen zu erwartende Hitzewellen.

Auf den Spuren des Wassers beginnt die Etappe *Szenenwechsel* der urbanen Wanderung an der spektakulären *Eisbachwelle* mit ihren Surfern, die mittlerweile weit über die Stadtgrenzen hinaus bekannt ist. Weiter geht es vorbei an Touristenmagneten wie Hofgarten oder Frauenkirche bis zum Deutschen Museum, das auf einer ehemaligen Kiesbank inmitten der Isar gebaut wurde. Flussaufwärts spazieren Sie durch die bunte Isarvorstadt mit ihren Boutiquen, Cafés und Bars, um sich schließlich mit dem Westermühlbach über den alten Südfriedhof und die Dreimühlenstraße zurück zur Isar treiben zu lassen. Auf dem letzten Etappenstück zum Tierpark entlang des Auer Mühlbach wird es beschaulich, denn hier wandern Sie vorbei an Kutscherhäuschen, Kleingärten und einer ehemaligen Papiermühle.

Der *Münchentrail* ist ein Rundwanderweg mit insgesamt 113 Kilometern und zehn Etappen zum Entdecken. Detaillierte Karten zum Streckenverlauf gibt es zum Download auf der Webseite.

Der Startpunkt *Eisbachwelle* ist nur circa fünf Minuten von der U-Bahnstation Odeonsplatz entfernt.

2

Viktualienmarkt
Viktualienmarkt
80331 München
www.muenchen.de

Tourist-Information
Rathaus am Marienplatz
Marienplatz 8
80331 München
089 23396500

REGIONAL EINKAUFEN UND GENIESSEN

Viktualienmarkt

Wer denkt, gemütliches Einkaufen am Marktstand sei nur etwas fürs beschauliche Landleben, der irrt gewaltig. In der bayerischen Landeshauptstadt finden sich über 40 Wochen- und Bauernmärkte, die die Menschen regelmäßig und wohnortnah mit frischen und regionalen Lebensmitteln versorgen. Sie wollen noch mehr Marktflair? Dann werden Sie auf einem von Münchens vier ständigen Märkten fündig, sechs Tage die Woche geöffnet und mit allem bestückt, was das Feinschmecker-Herz begehrt.

Einer davon ist der Viktualienmarkt im Zentrum der Stadt, der seinen Anfang als Bauernmarkt auf dem Marienplatz nahm. Seit Beginn des 19. Jahrhunderts präsentieren seine Händler die Waren am heutigen Standort und bieten auf über 18.000 Quadratmetern Obst, Gemüse, Fleisch, Käse, Fisch, Gewürze, Backwerk, Blumen und vieles mehr an. Hier bummeln Touristen direkt neben waschechten Münchnern. Und während die einen Austern und Champagner schlürfen, genießen die anderen die Kartoffel des Tages bei *Caspar Plautz* (Stand 38), regionale und saisonale Küche at its best!

Über den Trubel an den rund 100 Verkaufsständen wachen acht besondere Brunnen mit detailgenauen Darstellungen beliebter Volkskünstler wie Karl Valentin, Liesl Karlstadt, Ida Schumacher oder Ferdl Weiß. Ihnen zu Ehren findet einmal im Jahr das Brunnenfest statt (erster Freitag im August). Die Figuren werden dann mit bunten Blumen geschmückt und Künstler erfreuen die Zuschauer mit kostenlosen Auftritten. Was viele Besucher nicht wissen: Aus den Brunnen sprudelt reines Trinkwasser. Sollte Sie auf Ihrem Spaziergang der Durst überkommen, nur zu. Das Münchner Leitungswasser ist eines der besten Deutschlands.

Die Münchner Märkte bieten übrigens einen Großteil ihres Sortiments plastikfrei und lose an. Denken Sie also unbedingt an passende Gefäße, Dosen und Stoffbeutel für Ihren Einkauf.

Circa fünf Gehminuten von der Haltestelle Marienplatz (U- und S-Bahn, Bus) entfernt.

3

Hofbräuhaus-
Kunstmühle Jakob Blum
Neuturmstraße 3
80331 München
089 294222
www.hofbraeuhaus-
kunstmuehle.de

Münchens letzte Mehlmühle

Hofbräuhaus-Kunstmühle Jakob Blum

Die *Hofbräuhaus-Kunstmühle Jakob Blum* ist ein echter Geheimtipp im Zentrum der Stadt und ein Ort, an dem Sie ein uraltes Handwerk noch live miterleben können. In Münchens letzter aktiver Mehlmühle verwandeln sich Getreidekörner Schritt für Schritt in feines Mehl. Wie das genau funktioniert, erfahren Kinder und Erwachsene hier zwischen alten und neuen Maschinen. Bei einer etwa einstündigen Führung dreht sich alles um unser Grundnahrungsmittel und Sie können den rund 100 Jahre alten mechanischen Walzenstühlen bei der Arbeit zusehen. Mit jedem Klappern der rotierenden Walzen atmen die Räumlichkeiten Tradition und Stadtgeschichte. Kein Wunder, denn schließlich ist bereits im Jahre 1570 eine Mühle an genau diesem Ort dokumentiert. Heute weht der Charme längst vergangener Zeiten, mit engen Treppen, knarzenden Holzdielen und der Mühlenkatze, die auf den großen Mehlsäcken aus Papier schnurrend ein Nickerchen hält.

Bis in die späten 60er-Jahre des letzten Jahrhunderts wurde der Betrieb übrigens allein mit Wasserkraft und komplett ohne Strom aufrechterhalten. Möglich machte das der *Katzenbach*, einer der Münchner Stadtbäche, der bis zum Bau der U-Bahn unterhalb des Mühlengebäudes verlief. Wasserkraft ist heute zwar nicht mehr im Einsatz, aber Nachhaltigkeit hat dank kurzer Wege und der Wiederentdeckung aromatischer, alter Getreidesorten bei Erzeugern und Kunden trotzdem einen hohen Stellenwert. Das Getreide stammt ausschließlich von Bauern aus dem Großraum München. Die fertigen Produkte können Sie entweder direkt im angeschlossenen Mehlladen oder, bereits verarbeitet zu Brot und Brezn, in der Hausbäckerei *E. Knapp & R. Wenig* kaufen.

Jeden Morgen wird in der Hausbäckerei frisch gebacken, und Sie haben die Gelegenheit, den Handwerksbäckern live über die Schulter zu schauen. Ein kostenloser Spaß nicht nur für die Kleinen.

Zwischen den Haltestellen Marienplatz (S- und U-Bahn, Bus) und Isartor (S-Bahn, Tram, Bus). Zu Fuß in circa fünf Minuten zu erreichen.

4

Keep Bañana
Sendlinger Straße 49
80331 München
0176 60014490
www.keepbanana.de

LECKER LEBENSMITTEL RETTEN

Café Keep Bañana

Wir Deutschen lieben Bananen. Laut der Online-Plattform *Statista* sind die strahlend gelben Südfrüchte auf Platz zwei der beliebtesten Obstsorten, mit einem Pro-Kopf-Verzehr von knapp zwölf Kilogramm pro Jahr. Lediglich Äpfel werden hierzulande noch häufiger gegessen. Bananen sind aromatisch süß und stecken dabei voller Mineralstoffe und Vitamine – der perfekte Snack für jede Lebenslage. Eigentlich, denn tatsächlich landen gerade Bananen häufig im Müll. Kaum beginnen sich auf der Schale braune Punkte auszubreiten, vergeht uns der Appetit. Die Folge sind Tonnen von unnötig entsorgten Früchten aus Handel, Gastronomie und Privathaushalten.

So kann es nicht weitergehen, dachten sich die Brüder Markus und Thomas Mayr, und sagen seit Sommer 2021 mit *Keep Bañana* der Lebensmittelverschwendung in München den Kampf an. In ihrem kleinen Laden direkt am Sendlinger Tor verwandeln die beiden tagtäglich rund fünf Kilo vermeintlichen Bananenmüll aus Großmarkthalle und Einzelhandel in köstliches Softeis. Wenn es nach ihnen ginge, dann sollte es zukünftig noch viel mehr werden. Eine Win-win-Situation für alle Beteiligten und dabei unfassbar lecker.

Die Softeis-Basis besteht lediglich aus drei einfachen Zutaten: reife Bananen, Hafermilch und Datteln. Aber nur Bananenaroma? Auf keinen Fall! Deshalb kommen jetzt die Extras zum Einsatz. Sie werden überrascht sein, wie wenig Banane nach Banane schmecken kann. Das Ergebnis ist vegane, gluten- und laktosefreie *Nicecream* in den verschiedensten Geschmacksrichtungen: von Schokolade über Erdnuss bis hin zu den wöchentlich wechselnden Spezial-Sorten. Serviert wird das Ganze übrigens auf Wunsch mit farbenfrohen Toppings und in der To-go-Version zu 100 Prozent plastikfrei, im essbaren Becher mit essbarem Löffel.

Keine Lust auf Eis? Dann probieren Sie unbedingt das saftige Bananenbrot. Es lohnt sich!

Direkt an der U-Bahn-, Tram- und Bushaltestelle Sendlinger Tor. 

5

nkm Naturkosmetik München
Müllerstraße 10
80469 München
089 62824236
www.nkm-atelier.de

NATÜRLICH SCHÖN

nkm Naturkosmetik München

Wer träumt nicht von schöner und gesunder Haut? Die *nkm*-Gründerin Mareike Peters wünschte sich jedenfalls genau das, als sie noch während ihres Studiums versuchte, ihre Unreinheiten loszuwerden. Weil das mit herkömmlicher Kosmetik nicht möglich war, behalf sie sich schließlich kurzerhand selbst und mischte sich ihre persönlichen Pflegeprodukte. Nach ersten Fehlschlägen begann die Erfolgsgeschichte. Erst im eigenen Gesicht und seit 2018 auch auf Social Media vor stetig wachsendem Publikum. Das Interesse an Mareikes Erfahrungsberichten, Anleitungsvideos und Tipps und Tricks zum Thema Hautpflege war riesig. So groß, dass aus der Leidenschaft *nkm* geboren wurde. Heute können sich Kunden im luftigen Atelier in der Müllerstraße umfassend beraten lassen und fertige Cremes, Toner, Masken und Co kaufen. Und wer es noch individueller mag, der findet hier alles, was er oder sie zum Selbermachen von Kosmetik benötigt: vom Becherglas, über ausgesuchte Rohstoffe bis hin zum leeren Tiegel.

Anders als der Name es vermuten lässt, handelt es sich bei den *Naturkosmetik München*-Produkten nicht um zertifizierte Naturkosmetik. Synthetische Konservierungsmittel, Mineralöle und Silikone? Trotzdem Fehlanzeige! *nkm* steht klar und kompromisslos für vegane und tierversuchsfreie Hautpflege aus regionalen, pflanzlichen und mineralischen Rohstoffen. Allerdings nimmt sich die Gründerin auch die Freiheit, mit kleinen, ausgewählten Lieferanten aus der direkten Umgebung zusammenzuarbeiten, und die können sich oftmals keine teure Zertifizierung leisten.

Statt Siegel gibt es Individualität wie ein bislang einzigartiges Mehrwegsystem für die Produktflaschen, jede Menge Female Empowerment, soziales und ökologisches Engagement sowie den Titel »Klimaneutrales Unternehmen«.

Neugierig auf das Selbermachen von Kosmetik? Dann buchen Sie doch einen der Rührkurse vor Ort.

Am schnellsten mit der Tram 16 und 18 (Haltestelle Müllerstraße) zu erreichen, aber auch das Sendlinger Tor (U-Bahn, Tram und Bus) ist nur rund 500 Meter entfernt.

6

Bellevue di Monaco
Müllerstraße 2–6
80469 München
089 55057750
www.bellevuedimonaco.de

ES LEBE DIE INTEGRATION

Wohn- und Kulturzentrum *Bellevue di Monaco*

Eigentlich sollte der Häuserblock in der Müllerstraße 2–6 längst Geschichte sein. Stattdessen ist in prominenter Innenstadtlage ein Leuchtturmprojekt der Integration entstanden, das tagtäglich aufs Neue beweist, wie gut ein buntes und multikulturelles Zusammenleben funktionieren kann. Aber erst einmal der Reihe nach.

Noch bis 2012 rümpften Passanten beim Anblick der heruntergekommenen Fassade wohl eher die Nase, als in Begeisterungsstürme auszubrechen. Ein deutlich in die Jahre gekommenes Wohnhaus aus den Fünfzigern, grünlicher Putz, verfallene Balkone und nicht zuletzt eine amtliche Bescheinigung über statische Probleme und teilweise Einsturzgefahr. Doch ab hier wird es spannend, denn statt des bereits beschlossenen Abrisses schaffte der lautstarke Protest von Nachbarn, Aktivisten und prominenten Unterstützern das Unmögliche: Die Sozialgenossenschaft *Bellevue di Monaco* wurde gegründet und Hunderte von Menschen legten mit ihren Genossenschaftsanteilen den Grundstein für die Planung und Renovierung der Altbauten. Entstanden ist ein bundesweites Vorzeigeprojekt mit Wohnraum und Beratungsangeboten für Geflüchtete, mit Sprachkursen, Ausbildungsprogrammen und einem vielfältigen Kultur- und Veranstaltungsangebot von der Lesung bis zur Podiumsdiskussion. Das gemütliche Straßencafé im Erdgeschoss an der Ecke Müller-/Corneliusstraße ist ein beliebter Treffpunkt des Wohn- und Kulturzentrums. In stylischem Retrochic werden den Gästen kulinarische Begegnungen (vegetarisch oder vegan) mit der ganzen Welt geboten und dazu gibt es faire Kaffeespezialitäten. Sehr zu empfehlen.

Seit 2020 krönt ein Bolzplatz das Dach des Gebäudes, auf dem alteingesessene und Neu-Münchner gemeinsam kicken können.

Wussten Sie schon, dass sich im Keller eine offene Fahrradwerkstatt befindet? Hier finden Sie Werkzeug und Platz, um Ihr Rad selbst zu reparieren.

Sie haben die Qual der Wahl zwischen der Bushaltestelle Blumenstraße (52/62), der Tramhaltestelle Müllerstraße (16/18) und der U-Bahn-Station Fraunhoferstraße (U1/U2/U7).

7

Auryn Naturfashion
Reichenbachstraße 35
80469 München
089 2010103
www.auryn-shop.com

PARADIES FÜR MODE UND SPIELZEUG

Auryn Fair Fashion & Toys

Auch im *Auryn Fair Fashion & Toys* dreht sich alles um faire Mode. Das Herzensprojekt von Inhaberin Christine Frehe-Reynartz ist mit über 25 Jahren mittlerweile eine echte Fair-Fashion-Institution im beliebten Glockenbachviertel. Zwischen kleinen Cafés, Bars und dem mondänen Gärtnerplatztheater finden Sie ein Paradies mit allem, was Mama und Kind glücklich macht. Sie brauchen die Erstausstattung für Ihr Baby? Eine hübsche Geschenkidee zur Geburt? Etwas für den anstehenden Kindergeburtstag oder ein Outfit für sich selbst? Kein Problem! Das *Auryn Fair Fashion & Toys* bietet ein Rundum-sorglos-Paket für Groß und Klein. Vom schicken Jumpsuit bis zur Strandtasche, und vom Babybody bis zum kuschelig weichen Kapuzenhandtuch. Der Laden steckt voller neuer Lieblingsteile für den Alltag und die besonderen Anlässe des Lebens. Natürlich alles fair und in Bioqualität. Und selbst für größere Kinder wird man hier fündig, denn das Sortiment deckt Größen bis zu einem Alter von acht Jahren ab. Eher eine Seltenheit in den kleinen Boutiquen.

Neben hochwertiger Kleidung glänzt das *Auryn* mit einer Spielzeugabteilung, in der sich schadstofffreie Materialien und faire Herstellungsbedingungen mit modernem Design vereinen. Das Ergebnis sind einzigartige Puppen und Stofftiere, Holzspielzeug, nachhaltiges Bastelmaterial, Musikinstrumente, Puzzles, Spieluhren und vieles mehr. Tatsächlich wäre man bei diesem farbenfrohen Anblick gerne selbst wieder Kind. Man muss sich jedenfalls sehr zusammenreißen, um nicht alles einmal Probe zu spielen, bevor man zum Großeinkauf übergeht. Zudem bietet Christine übrigens noch Wohnaccessoires wie Decken, Vasen und Körbe an und selbstverständlich sind im *Auryn* nicht nur Mamas und Kinder herzlich willkommen – also nichts wie hin!

Das *Auryn* hat sogar eine eigene Kollektion mit tollen Basics für Damen und Kinder!

In direkter Näher der U-Bahnhaltestelle Fraunhoferstraße (U1/U2/U7). Tram und Bus halten hier ebenfalls.

8

ABOUT GIVEN –
Fair organic wear
Baaderstraße 55
80469 München
089 18912825
www.aboutgiven.de

FAIRE MODE, DIE BLEIBT

ABOUT GIVEN – Fair Organic Wear

Die Herstellung unserer Kleidung verursacht rund ein Fünftel der Abwässer weltweit und produziert mehr Emissionen als alle internationalen Flüge und Schifffahrten zusammen. Damit ist die Textilbranche eine der dreckigsten Industrien überhaupt, und noch dazu eine, bei der katastrophale Arbeitsbedingungen an der Tagesordnung sind. Kein Wunder, dass es immer mehr Menschen gibt, die sich nach echten Alternativen sehnen. Im ehemaligen *Glore* in der Baaderstraße finden Sie genau das. Ökologische und faire Mode und zwar für Männer und Frauen.

Würde man die Inhaberin Brigitte von Puttkamer nach ihrem Konzept fragen, so würde sie wahrscheinlich ein leidenschaftliches Plädoyer für den Wandel ihrer Branche anstimmen und kurz darauf den Mangel an politischem Handeln anprangern. Richtig so! »Fair-Änderung« braucht den Geist der Revolution und engagierte Menschen mit Haltung. Brigitte ist so jemand und das spürt man auch in ihrem Laden.

Es ist nichts dem Zufall überlassen, weder die geschmackvolle und farblich abgestimmte Inneneinrichtung mit Wohlfühlatmosphäre noch die sorgfältige Auswahl der grünen Labels. Alles, was hier in den Regalen liegt, wurde ethisch und umweltschonend produziert, seit über zehn Jahren eine Selbstverständlichkeit im *ABOUT GIVEN*. Zudem müssen aber vor allem Wertigkeit, Design und Lebensdauer vor Puttkamers kritischen Augen bestehen. Die gelernte Mode- und Grafikdesignerin weiß, wovon sie spricht. Das Ergebnis ist ein zeitloses Sortiment an hochwertigen Kleidungsstücken, die Sie lange begleiten werden. Passend zum fairen Outfit finden Sie auch Schuhe und besondere Accessoires wie Taschen, Gürtel, Mützen und trendy Nagellack von *Nailberry* im Laden.

Unsicher in der Auswahl? Nutzen Sie unbedingt die ausgezeichnete persönliche Beratung im Laden.

Nur fünf Minuten von der U-Bahn-Station Fraunhoferstraße (U1/U2/U7). Tram und Bus halten hier ebenfalls.

9

Vintage Revivals
Schützenstraße 7
80335 München
0177 4552203
www.vintagerevivals.de

NEU VERLIEBT IN ALTE KLEIDER

Secondhandshop *Vintage Revivals*

Die Älteren unter Ihnen werden sich noch gut daran erinnern. Es gab einmal Zeiten, in denen gebrauchte Klamotten ein ziemlich muffiges und angestaubtes Image hatten und Secondhand-Läden fast immer nach Mottenkugeln und Kellerschrank rochen. Diese Ära ist lange vorbei. Zum Glück! Dafür sorgen auch Orte wie das *Vintage Revivals.* Seit einigen Jahren heißt Gebrauchtes nun »vintage« oder »preloved« und genauso cool, wie die neuen Namen klingen, sind auch die Looks auf der Straße. Da werden 80er-Jahre-Trainingsjacken aus Ballonseide zum überraschenden Hingucker und selbst die ultrabreiten Krawatten der Siebziger sehen mit Trenchcoat und Tweedhose plötzlich hipper aus denn je. Scheinbar ausgediente Kleidung hat sich zum Fashion Statement gemausert und steht heute für Individualität statt 0815. Doch es gibt einen weiteren guten Grund, secondhand zu kaufen. Je länger Pullover, Rock und Co getragen werden, desto nachhaltiger sind sie.

Egal, ob Sie zu den »Fashion Victims« da draußen gehören, auf der Suche nach Schnäppchen sind oder ob ihr ökologisches Bewusstsein im Vordergrund steht: Im *Vintage Revivals* zwischen Stachus und dem Münchner Hauptbahnhof finden alle ihr neues Lieblingsoutfit. Unverputzte Wände, roher Estrich, Säulen mit dunkelgrünen Metrofliesen und Kleiderstangen aus schwarzen Wasserrohren. Man fühlt sich ein bisschen wie in einem dieser großzügigen Industrielofts durch die der Wind der Großstadt weht. Alles hier wirkt irgendwie improvisiert und dennoch modern – von der Eingangstür bis zu den Umkleidekabinen. In puncto Style machen selbstverständlich auch die Kleidungsstücke keine Ausnahme. Bei *Vintage Revivals* gibt es hippe Klamotten für Männer und Frauen, von namhaften Designern, bekannten und unbekannten Labels. Die Atmosphäre ist entspannt und die Preise sind günstig. Was will man mehr?

Bringen Sie unbedingt genug Zeit zum Stöbern und Anprobieren mit. Das kompetente Personal berät Sie gern bei Kombinationsschwierigkeiten.

Zentral zwischen der Haltestelle Stachus (S-Bahn, U-Bahn, Tram und Bus) und Hauptbahnhof.

10

Museum Brandhorst
Theresienstraße 35a
80333 München
089 238052286
www.museum-brandhorst.de

KUNST UND NACHHALTIGE ARCHITEKTUR

Museum Brandhorst

Am Anfang stand ein verlockendes Angebot. Anette und Udo Brandhorst boten dem Bayerischen Staat ihre renommierte Sammlung moderner Kunst als Dauerleihgabe an. Jedoch unter der Bedingung, dass dafür ein eigenes Museum gebaut wird. Das ließ sich der Freistaat nicht zweimal sagen und das Museum Brandhorst war geboren. Seit der Eröffnung im Jahr 2009 werden dem begeisterten Publikum hier auf über 3.000 Quadratmetern einzigartige Bilder, Skulpturen und Installationen von Künstlern wie Cy Twombly, Joseph Beuys, Jutta Koether, Alex Katz, Monika Baer und Damien Hirst präsentiert. Auch die mit Abstand größte Andy-Warhol-Sammlung Europas ist in den lichtdurchfluteten Ausstellungsräumen zu bestaunen.

Aber nicht nur die Exponate setzen Maßstäbe. Den Berliner Architekten Louisa Hutton und Matthias Sauerbruch ist auf dem schmalen Grundstück an der Ecke Türken- und Theresienstraße ein Paradebeispiel nachhaltiger Museumsarchitektur gelungen, das 2011 unter anderem mit der Silbermedaille des *International Prize for Sustainable Architecture* prämiert wurde. Kein Wunder, denn das Museum Brandhorst ist mit seiner schillernden Außenhülle ein optisches Highlight im Kunstareal, das im Gegensatz zu vergleichbaren Museen 50 Prozent weniger Wärmeenergie verbraucht und mit einem um 26 Prozent geringeren Bedarf an Strom glänzen kann. Erreicht werden diese beeindruckenden Zahlen unter anderem durch die besonders energieeffiziente Klimatisierung des Gebäudes, bei der ein System aus wasserführenden Rohren in Wänden und Böden für ein wohltemperiertes Raumerlebnis sorgt.

Die auffällige Fassade besteht übrigens aus rund 36.000 kunterbunten Keramik-Elementen, die vor speziell geformte Bleche gesetzt sind. Das sieht nicht nur wunderschön aus, sondern dämpft zusätzlich den Verkehrslärm des belebten Viertels.

Für Familien bietet das Museum ein spezielles Angebot aus Workshops und Führungen. Kinder und Jugendliche bis 18 Jahre haben freien Eintritt.

Am schnellsten erreichen Sie das Museum mit den Trambahnlinien 27 und 28 über die Haltestelle Pinakotheken.

11

Lost Weekend
Schellingstraße 3
80799 München
089 28701881
www.lostweekend.de

ARBEITEN UND TAGTRÄUMEN AN DER UNI

Café Lost Weekend

Wenn man eines über das facettenreiche *Lost Weekend* mit Bestimmtheit sagen kann, dann dass es mit großer Wahrscheinlichkeit nicht bei einem Besuch bleiben wird: Veranstaltungsort, Buchladen, Café. Das *Lost Weekend* ist ein wahres Chamäleon und der »place to be« für alle, die im Großstadttrubel ein ruhiges Plätzchen suchen.

Nur ein paar Schritte vom Hauptgebäude der Ludwig-Maximilians-Universität entfernt, lässt es sich hier ganz wunderbar den Tag verbringen. Die Nase tief in Büchern vergraben, die Finger auf den Tasten des Laptops und kulinarisch verwöhnt mit gesunden, veganen Snacks, Kuchen und Kaffeespezialitäten. Für Studierende ist das *Lost Weekend* definitiv die wohl stylishste (und leckerste) Alternative zur Unibibliothek, wenn mal wieder das nächste Gruppenprojekt oder eine Hausarbeit ansteht. Und dabei muss man noch nicht einmal ein schlechtes Gewissen haben, stundenlang den Platz zu belegen. Konzentriertes Arbeiten ist im *Lost Weekend* nämlich absolut erwünscht und sogar Teil des Konzepts, mit Co-Working-Spaces in minimalistischem Ambiente. Leerstehende Bürogebäude und ungenutzte Infrastruktur? Das war gestern! Heute werden Arbeitsplätze geteilt und gemeinschaftlich genutzt. Ein positiver Nebeneffekt dieser neuen Arbeitskultur sind die spannenden Begegnungen, die so ein gemeinsamer Schreibtisch mit sich bringen kann.

Und selbst der Liebe zu Büchern ist man in den traditionsreichen Räumlichkeiten der ehemaligen Universitätsbuchhandlung treu geblieben, wenngleich in deutlich hipperer Atmosphäre. Das ist wohl der Zauber von Baristakaffee, schlichtem Holzinventar und Sichtbetonwänden.

Keinesfalls verpassen: Die regelmäßig stattfindende *Open Stage* mit Live-Musik, Improvisation, Poetry Slam und mehr.

Nur zwei Minuten von der U-Bahnhaltestelle Universität (U3/U6) entfernt. 

12

Englischer Garten
Startpunkt Spaziergang:
Eingang Universität
Ende der Veterinärstraße
80538 München
www.schloesser.bayern.de

Natur- und Kulturtreff Rumfordschlössl
Englischer Garten 5
80538 München
089 341197
www.rumfordschloessl.de

MÜNCHENS GRÜNE LUNGE

Englischer Garten

Was für ein Stadtpark! 375 Hektar Fläche, eine Länge von insgesamt fünf Kilometern entlang des Westufers der Isar, 78 Wegkilometer zum Spazieren und Entdecken und mehr als 100 Stege und Brücken, die das rund achteinhalb Kilometer lange Netz aus Bächen überqueren. Dabei ist es, als betrete man ein grünes Märchenland mitten in der Stadt. Diese Wirkung ist das Ergebnis der meisterhaften Planung von unter anderem Friedrich Ludwig von Sckell. Er inszenierte Ende des 18. Jahrhunderts diese künstliche Natur nach dem Vorbild englischer Landschaftsgärten und schuf damit im Münchner Nordosten einen paradiesischen Erholungsort für alle.

Seit 1966 teilt der Isarring den Englischen Garten in zwei Teile. Der belebte Südteil ist neben Touristenattraktionen wie dem Ziertempel *Monopteros*, dem Chinesischen Turm und dem Kleinhesseloher See vor allem durch seine ausgedehnten Wiesen und viel Platz zum (FKK-)Sonnenbaden, Spielen und Picknicken geprägt. Ein wunderbares Wechselspiel aus traditioneller Gastronomie, Naherholung sowie Sehen und Gesehenwerden. Nachhaltige Verpflegung finden Sie beim *MilchHäusl* direkt am Parkeingang nahe der Universität. In Münchens einzigem bio-zertifiziertem Kiosk locken je nach Saison Kaffee, Glühwein, Eis und Bratwurstsemmel.

Sie wollen es ruhiger? Dann sollten Sie unbedingt den Nordteil des Parks besuchen. Uralte Bäume, verwunschene Weiher und grasende Schafe auf Wildblumenwiesen – ein Kleinod für Naturliebhaber. Dazu passt auch der Wildbienen-Lehrpfad nahe der U-Bahnhaltestelle *Studentenstadt*. An acht Stationen erfahren Sie, versteckt hinter QR-Codes, Wissenswertes über die geflügelten Sechsbeiner. Der Rundweg startet südlich vom Restaurant und Biergarten *Aumeister*.

Für Kinder und Jugendliche lohnt sich ein Besuch im Natur- und Kulturtreff *Rumfordschlössl* des Kreisjugendrings München-Stadt (U3/U6 Giselastraße).

Der Park ist über mehrere Haltestellen von U3, U6 (Universität bis Freimann) und die Tramlinien 16, 18 und 23 angebunden.

18

Café Ignaz und Tochter
Georgenstraße 67
80799 München
089 2716093

Iss dich glücklich

Café Ignaz und Tochter

Zunächst muss ich Sie warnen, denn mein nächster Lieblingsplatz ist einer, der leider ziemlich schwer zu erreichen ist. Wahrscheinlich werden Sie jetzt auf die Adresse links im Bild schielen und sich etwas wundern. Warum sollte es schwer sein, zur Georgenstraße mitten in Schwabing zu gelangen? Ganz einfach. Bevor Sie im *Café Ignaz und Tochter* Platz nehmen können, müssen Sie es zuerst durch die hauseigene Bäckerei schaffen. Und bei dem herrlichen Anblick der frisch gebackenen Kuchen, Torten, Quiches und Plätzchen ist das ist eine echte Herausforderung. Sie haben es gemeistert? Sehr gut, dann erwartet Sie eine weitere Aufgabe: die Entscheidung für nur ein Gericht von der umfangreichen Speisekarte. Frische Salate, Risotto, Tortelloni, Schupfnudeln, Algenpfanne, Gnocchi oder Kohlrouladen. Die Auswahl ist riesig und eine Kombination klingt schmackhafter als die andere.

Genauso vielfältig wie das Menü ist auch das Publikum im *Café Ignaz und Tochter*. In dem gemütlichen kleinen Gastraum trifft sich das Seniorenpärchen, die junge Familie, Freunde und Studenten. Und alle haben eines gemeinsam, die Liebe zur vegetarischen Küche ohne Chichi und Schnickschnack. Und so kommt es, dass die Georgenstraße 67 seit über 30 Jahren eine feste Institution für Vegetarier und Veganer ist, und natürlich für all diejenigen, die einfach lecker essen wollen. Besonders beliebt ist das reichhaltige Frühstücksbuffet am Wochenende. Dort schwelgen Sie in kulinarischen Gaumenfreuden, futtern sich in unaufgeregter Atmosphäre durch das Angebot an Salaten, Müsli, Käse und Gebäck und verkosten eine atemberaubende Anzahl an Aufstrichen. Dieses Essen ist Glück auf dem Teller.

Im Sommer kann man hier auch wunderbar draußen essen.

Nur fünf Minuten zu Fuß vom Josephsplatz (U2/U8) entfernt. 

14

Kunst und Spiel
Leopoldstraße 48
80802 München
089 3816270
www.kunstundspiel.de

FÜR GROSSE UND KLEINE KINDER

Ladengeschäft *Kunst und Spiel*

Früher entführte ein leuchtend gelbes Schild mit roter Schrift Kunden von der Leopoldstraße in einen ruhigen Hinterhof. Auf dem Weg ging es vorbei an liebevoll gestalteten Schaukästen mit Holzfiguren, Stoffpuppen und bunten Bauklötzchen. Kinder waren wie gebannt und voller Vorfreude auf das, was da wohl kommen mochte. Heute befindet sich der Eingang von *Kunst und Spiel* direkt an der beliebten Flaniermeile und lädt in einen ganz besonderen Kinderladen im Herzen von Schwabing ein, der sogar vom Verein *Gemeinwohl-Ökonomie* zertifiziert ist.

In den letzten Jahren ist Nachhaltigkeit ein Trend geworden, mit dem sich gut verdienen lässt, und oftmals ist es für Kunden gar nicht so leicht zu erkennen, was an all den grünen Versprechen dran ist. Hier ist das anders. Bei *Kunst und Spiel* ist ökologisches Bewusstsein und nachhaltiges Handeln eine Tradition, die seit 1956 konsequent und aktiv gelebt wird. Und das wird bereits beim ersten Anblick deutlich. Die drei Etagen sind in warmen Tönen gestrichen und an den Wänden stehen Regale und Tische aus massivem Holz. Alles wirkt natürlich und wertig. Und selbstverständlich passt auch das Sortiment perfekt ins Bild. Statt flüchtiger Trends und hippen Designs stehen pädagogische und ökologische Aspekte im Vordergrund und bestimmen die Auswahl von jedem einzelnen Artikel. Das Ergebnis sind hochwertige Kleidungsstücke für Kinder und Erwachsene, Bücher, Bastelmaterial und Spielsachen ganz im Sinne der Waldorfpädagogik mit viel Raum für Fantasie, Kreativität und die Entfaltung der (kleinen) Persönlichkeiten. Gut zu wissen ist auch, dass bei Qualität und Herstellungsbedingungen keine Kompromisse gemacht werden. Die Produkte sind schadstofffrei, umweltfreundlich und werden transparent in Deutschland und Europa gefertigt, oftmals von kleinen Werkstätten oder gemeinnützigen Vereinen.

Für einen entspannten Besuch gibt es im Laden zwei tolle Spielecken und eine Kundentoilette mit gut ausgestattetem Wickeltisch.

Direkt an der U-Bahnhaltestelle Giselastraße (U3/U6). Auch erreichbar mit den Buslinien 154 und 54, Haltestelle Giselastraße.

15

MIXT Kinderkunsthaus
Römerstraße 21/Ecke
Hohenzollernstraße
80801 München
089 33035770
www.kinderkunsthaus.de

NACHHALTIG KREATIV

Kinderkunsthaus

Das *Kinderkunsthaus* ist eine offene Kreativwerkstatt mitten im Herzen von Schwabing und ein ganz besonderer Lieblingsplatz. Hier sind kleine und große Besucher generationsübergreifend eingeladen, sich mit ihrem ganz individuellen Medium auszudrücken und zu verwirklichen. Von plastischem Material wie Knete, Ton oder Holz, über Darstellungsformen wie Comic-Zeichnungen, Papier-Kollagen oder Druck bis hin zu digitaler Foto- und Videokunst. Erlaubt ist, was Spaß macht und gefällt. Das *Kinderkunsthaus* bietet ein vielfältiges, offenes Programm und zusätzlich dazu tolle Kurse und Workshops für jeden Geschmack.

Dabei steht Kreativität keinesfalls in Konflikt mit Nachhaltigkeit. Im Gegenteil. Recycling- und Upcyclingwerkstoffe ersetzen Neumaterialien, Farben auf Wasserbasis helfen, Mikroplastik und künstliches Acryl zu vermeiden, und Materialspenden von lokalen Druckereien zum Beispiel aus Fehldrucken oder Fehlschnitten sparen Papier. Mit innovativen Ideen, Engagement und viel Lust am Andersmachen wird hier umweltbewusst gestaltet. Kinder bekommen wie selbstverständlich vermittelt, dass jeder Rohstoff und Gegenstand verwendet werden kann. Alles ist wertvoll und kann durch unsere Hände zu Kunst werden. Selbst unser Wohlstandsmüll. Und so verwandeln sich alte Eierkartons in kunterbunte Fische, To-go-Kaffeebecher in fantasievolle Roboter und Kronkorken in Musikinstrumente. Im *Kinderkunsthaus* wird aus Alt auf kunterbunte Weise Neu. Dass an allen Wasserhähnen Wasser gespart wird, ausschließlich Recycling-Klopapier und ökologische Reinigungsmittel Verwendung finden, ist angesichts dessen fast zu banal, um es extra zu erwähnen. Oder?

Das *Kinderkunsthaus* bietet auch Outdoor-Workshops an, die die Kunst nach draußen bringen. Urban-Sketching statt schnöde Handyfotos!

Am besten erreichbar mit Bus (53) und Tram (12/27/28) über die Haltestelle Kurfürstenplatz oder zu Fuß von den U-Bahnhaltestellen Giselastraße (U3/U6) oder Hohenzollernplatz (U2/U8).

16

BARTU Bio-Eis & Bio-Pizza
Wilhelmstraße 23
80801 München
089 38476040
www.bartu-bioeismanufaktur.de

EISKALTE GESCHMACKSEXPLOSION

BARTU Bio-Eis und Bio-Pizza

Wir bleiben im schönen Alt-Schwabing und stellen uns einen heißen Tag im Sommer vor. Die Nachmittagssonne glitzert durch die Blätter der Bäume, ein leises Lüftchen weht durch die Straßen und der Himmel über München erstrahlt in seinem schönsten Blau. Jetzt fehlt nur noch eine leckere Kugel Eis in einer knusprigen Waffel, oder? Dann wird Ihnen sicher mein nächster Lieblingsplatz gefallen, die beliebte Bio-Eismanufaktur *BARTU*.

Genau genommen gibt es in der gemütlichen Gelateria an der Ecke Kaiserstraße gar keine Eiskugeln, denn hier werden die herrlich cremigen Eissorten und laktosefreien, veganen Sorbets original italienisch gespachtelt. Ein Anblick, bei dem den Zuschauern bereits vor Vorfreude das Wasser im Munde zusammenläuft. Sollte Ihnen der Name *BARTU* nun irgendwie bekannt vorkommen, dann liegen Sie völlig richtig. Thomas Bartu war in seinem früheren Leben als »Schuhkönig von München« bekannt und führte allein in München sieben Läden. In seinen Vierzigern machte er damit Schluss und startete 2009 mit seiner Liebe für Eis ganz neu durch. Mit beinahe kindlicher Begeisterung und Leidenschaft lernte er das Handwerk vom Besten der Welt und bietet den Münchnern seither Eis-Genuss vom Feinsten. Neben Klassikern wie Vanille oder Schokolade gibt es ausgefallenere Kreationen wie Caramel au beurre salé, Cheesecake, Birnensorbet oder Schwarzer Sesam. Jede Sorte schmeckt exakt so, wie man es sich vorgestellt hat, und dank Agavensirup statt raffinierten Zuckers auch nicht zu süß. Und es wird noch besser: *BARTU* ist nämlich Münchens erste bio-zertifizierte Eismanufaktur und arbeitet ausschließlich mit hochwertigen Bio-Zutaten. Das gilt übrigens ebenfalls für die knusprig dünne Bio-Pizza aus Dinkelmehl, die Sie seit 2013 als wunderbare Ergänzung zum wahr gewordenen Eistraum genießen können.

Eine weitere Filiale der *BARTU Bio Eismanufaktur* finden Sie in der Türkenstraße 53 in der Maxvorstadt.

Nur etwa 400 Meter Fußweg von der U-Bahnhaltestelle Münchner Freiheit (U3/U6) entfernt.

17

Bella Natura
Herzogstraße 1
80803 München
089 33056060
www.bella-natura.shop

VERANTWORTUNG AUF DREI ETAGEN

Bekleidungsgeschäft *Bella Natura*

Bei *Bella Natura* dreht sich alles um ökologische, faire und vegane Mode, und das nicht erst seit gestern. Die sympathische Gründerin Keyla Heinze eröffnete ihren ersten Shop bereits vor über 15 Jahren, also lange bevor »Green Lifestyle« richtig hip wurde, und gehört somit zu den Pionieren für den nachhaltigen Wandel in München. 2018 kam dann *Bella Natura* Nummer zwei hinzu, mit viel Platz und drei Etagen voll von jungen, trendigen Lieblingsstücken für Frauen und Männer. In bester Lage direkt an der Münchner Freiheit finden Sie alles von Loungewear für den gemütlichen Fernsehabend zu Hause über sportliche Yogamode bis hin zu hochwertiger Businesskleidung und angesagter Streetwear. Eine unwiderstehliche Mischung für einen verantwortungsvollen Shoppingausflug in Wohlfühlatmosphäre. Denn so unterschiedlich die einzelnen Stücke auch sein mögen, seit Anbeginn stehen bei der Auswahl der nationalen und internationalen Brands und Designer stets Transparenz sowie soziale und ökologische Werte im Vordergrund. Neben bekannten Marken wie *Lanius*, *People Tree*, *Armedangels*, *Melawear*, *Mandala*, *Kings Of Indigo* oder *LangerChen* erwarten Sie im New Concept Store übrigens noch weitere Zutaten für Ihr umweltbewusstes und sozialverträgliches Outfit. Deshalb dürfen in den Regalen Taschen, fairer Schmuck und andere Accessoires nicht fehlen.

Immer noch nicht genug? Dann schauen Sie doch im *Bella Natura* in der Haimhauserstraße 6 vorbei. Nur einen Katzensprung von der Münchner Freiheit entfernt finden Frauen ab 40 ein Eldorado an eleganten Klassikern und auch Kunden, die auf der Suche nach zeitlosen Stücken für ihre Capsule Wardrobe sind, werden sich hier wie zu Hause fühlen.

In der Haimhauserstraße gibt es einen beliebten Lagerverkauf von *Think!* für nachhaltige Schuhe aus pflanzlich gegerbtem Leder.

Direkt an der U-Bahnhaltestelle Münchner Freiheit (U3/U6).

18

Müller'sches Volksbad
Rosenheimer Straße 1
81667 München
089 23615050
www.swm.de/baeder

Muffatwerk
Zellstraße 4
81667 München
089 45875010
www.muffatwerk.de

FRISCHE FÜR ALLE

Müller'sches Volksbad

Wer in München an der Isar spazieren geht, der bekommt viel zu sehen. Eilige Radfahrer, (halb-)nackte Sonnenanbeter und hartgesottene Eisschwimmer, Familien beim Picknick und Menschen, die sich zu einem gemütlichen Feierabendbierchen treffen. Am Isarostufer jedoch gibt es etwas zu riechen. Direkt an der Ludwigsbrücke führt der Weg an der Außenmauer eines Gebäudes entlang, das mit seinem eindrucksvollen Uhrturm fast wie eine Kirche anmutet. Der charakteristische Saunaduft aus den Lüftungsrohren allerdings verrät das *Müller'sche Volksbad*.

Entworfen vom Architekten Carl Hocheder und gespendet vom namensgebenden Ingenieur Karl Müller war der neobarocke Jugendstilbau einst Münchens erstes städtisches Hallenbad und bei seiner Eröffnung 1901 angeblich das teuerste und größte Schwimmbad der Welt. Zwei große Schwimmhallen, eine für Männer und eine für Frauen, ein originalgetreues römisch-irisches Schwitzbad und ein Dampfbad mit Kaskadenbrunnen machten einen Besuch zum Badeerlebnis in prächtiger Kulisse. Heute ist es fast wie eine Zeitreise, wenn man unter den Wandmalereien und den Stuckelementen seine Bahnen zieht. Wasserspeier, Bronzestatuen, florale Schmuckornamente, die hölzernen Umkleidekabinen – alles hier atmet Geschichte und wird liebevoll gepflegt und instand gehalten. Doch Karl Müller wollte München kein hübsches Luxusschwimmbad finanzieren. Mit ursprünglich 86 Wannen- und 22 Brausebädern entstand in erster Linie ein Ort der hygienischen Grundversorgung für alle, die weder über ein eigenes WC noch über eine Dusche verfügten. Diese schöne Tradition der sozialen Teilhabe gilt im *Müller'schen Volksbad* bis heute. Wer will, kann Bedürftigen mit dem Angebot *Frische geschenkt* einfach eine Karte für das Wannen- und Brausebad spendieren und so etwas mehr Menschenwürde ermöglichen.

Direkt neben dem Volksbad liegt der bio-zertifizierte Biergarten am Muffatwerk, der bei schönem Wetter täglich ab Mittag geöffnet ist.

Zwischen den Haltestellen Isartor und Rosenheimer Platz am Ostufer der Isar und am besten mit den S-Bahnlinien S1–S4 und S6–S8 erreichbar.

von den
bürgerl. Floßmeistern
Xaver Heiß
Johann Heiß

Blick von der Praterwehrbrücke auf die Maximiliansbrücke

19

Am Gasteig
Rosenheimer Straße 5
81667 München
www.gasteig.de

Gasteig im Motorama
Rosenheimer Straße 30–32
81669 München
089 23389300

Gasteig HP8 (Sendling)
Hans-Preißinger-Straße 8
81379 München
089 480983313

KULTURELLES HERZ DER STADT

Kultur- und Bildungszentrum *Am Gasteig*

Viele kennen den *Gasteig* als das kulturelle Herz der Stadt. Dabei steht er vor einem Umbruch, denn die Münchner Zentralbibliothek, die Konzertsäle, Bildungsstätten und Veranstaltungsräume sollen im Laufe der kommenden Jahre umfassend saniert werden. Der *Gasteig* wäre nicht eines der größten Kultur- und Bildungszentren Europas, wenn diese Zeit des Wandels nicht sinnvoll genutzt würde. Kreative und nachhaltige Zwischennutzung lautet also die Devise!

Während am Rosenheimer Platz vorerst frische Ideen für bunte Überraschungen sorgen, übernehmen zwei Interimsstandorte die Aufgaben des roten Backsteingebäudes. Schließlich soll niemand auf das umfangreiche Bildungsangebot für jedermann verzichten müssen.

Rund 60.000 Medien aus der Zentralbibliothek *Am Gasteig* sind gegenüber in die Ladenstadt *Motorama* umgezogen. Hier wartet eine bunte Mischung aus Büchern, CDs, Spielen, DVDs und Zeitschriften mit Schwerpunkt Familie, Gaming und digitalem Lernen nur darauf, entdeckt, gespielt und ausgeliehen zu werden. Besonderes Highlight für Jugendliche und (junge) Erwachsene ist die E-Sports-Arena, die das Zielpublikum nicht nur direkt in ihrer Erlebniswelt abholt, sondern auch einen geschützten Raum zum Experimentieren bietet.

Im *Gasteig HP8* stehen Musik, lebenslanges Lernen und Sprachen im Mittelpunkt. Herzstück des brandneuen Kulturzentrums in Sendling ist die liebevoll renovierte Trafohalle, in der die Isarphilharmonie und ein Standort der Stadtbibliothek ihren Platz gefunden haben. Hier gibt es unter anderem E-Pianos zum Üben und das *MusikLab*, ein professionelles Aufnahmestudio – kostenlos und für alle zugänglich. Beide Interimsbibliotheken sind übrigens als »Open Library« erstmals auch außerhalb der Servicezeiten geöffnet.

Überall in München gibt es Stadtbibliotheken – Leihen ist das neue Kaufen!

Die Bibliothek *Am Gasteig* und *Gasteig im Motorama* erreichen Sie über die S-Bahnhaltestelle Rosenheimer Platz. Der *Gasteig HP8* liegt direkt an der Bushaltestelle Schäftlarnstraße/Gasteig HP8 (54/X30).

20

LOVE kidswear & for women
Sedanstraße 11
81667 München
0163 3540253
www.love-kidswear.com

Spielplatztaugliche Kindermode

LOVE kidswear & for women

Wer durch die Straßen von Haidhausen spaziert, dem begegnet eine herrliche Mischung aus Großstadt mit einer Prise Dorfidyll. Kopfsteinpflaster, gemütliche Stadtcafés, urige Wirtshäuser, französische Restaurants, Hinterhofromantik und viele kleine Läden prägen das Flair des Viertels. Einer dieser Läden ist das *LOVE kidswear & for women* in der Sedanstraße. Was es hier zu entdecken gibt? Wunderschöne, alltagstaugliche und nachhaltige Kindermode für Jungs und Mädchen von null bis 14 Jahren mit dem gewissen Etwas.

Kein Wunder, denn hinter dem Münchner Modelabel steht niemand geringeres als die Modedesignerin Franziska Bergmiller, die ihr Können bereits in London für die Fashion-Ikone Vivienne Westwood unter Beweis stellen durfte. Nach der Geburt ihrer Kinder begann sie, in München ihre Geschichte neu zu schreiben. Zunächst im kleinen Kreis mit kreativem Kartoffeldruck und Unikaten für die eigenen Kinder, Freunde und Bekannte. 2015 schließlich gründete sie voller Mut und Tatendrang *LOVE kidswear*. Damals wie heute ist Franziskas Anspruch hoch. An ihre Entwürfe, die Herstellungsbedingungen und an das fertige Kleidungsstück. Das Ergebnis dieses Perfektionismus sind individuelle Stoffdesigns und originelle Schnitte, die viel Bewegungsfreiheit zulassen und jede Menge aushalten. Egal, ob cooles Basecap, luftig schwingender Rock, Hemd oder T-Shirt – jedes Teil, das hier über den Ladentisch geht, macht Spaß und ist zu 100 Prozent kindgerecht. Mittlerweile produziert Franziska natürlich nicht mehr bei sich zu Hause, sondern in Portugal und achtet auf kurze Transportwege zwischen den Fertigungspartnern, bei denen genäht, bedruckt und bestickt wird. Das, zusammen mit der *GOTS*-Zertifizierung, hält den ökologischen Fußabdruck der Klamotten so klein wie möglich.

Übrigens gibt es mit *LOVE FOR WOMEN* auch eine Linie für Frauen. Stilvoll, klassisch und cool.

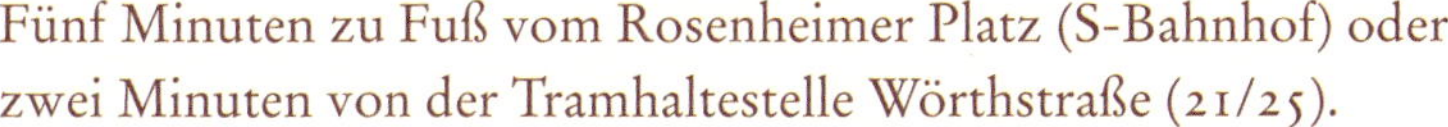

Fünf Minuten zu Fuß vom Rosenheimer Platz (S-Bahnhof) oder zwei Minuten von der Tramhaltestelle Wörthstraße (21/25).

21

HEi –
Haus der Eigenarbeit
Wörthstraße 42 (Rgb.)
81667 München
089 4480623
www.hei-muenchen.de

EINFACH SELBER MACHEN

HEi – Haus der Eigenarbeit

Wenn das *HEi – Haus der Eigenarbeit* einen offiziellen Leitspruch hätte, dann wahrscheinlich »Selbst ist die Frau oder der Mann«, denn in diesem besonderen Bürgerhaus wird seit über 30 Jahren gesägt, gehämmert, gepolstert, getöpfert und genäht. Mal in Eigenregie, mal unter fachkundiger Anleitung, immer aber voll Begeisterung und Leidenschaft. Die Idee hinter dem einstigen Modellprojekt der gemeinnützigen Stiftung *anstiftung* war und ist bis heute, es den Menschen in der Stadt zu ermöglichen, selbst aktiv und wirksam zu werden. Egal, ob bei einer notwendigen Reparatur, im künstlerischen Ausdruck oder beim nächsten Heimwerkerprojekt. Im *HEi* sind alle herzlich willkommen sich auszuprobieren. Dafür stehen fünf Tage die Woche Wissen und das nötige Werkzeug bereit.

Und noch etwas gibt es hier: jede Menge Platz zum Arbeiten. Für Bewohner kleiner Stadtwohnungen meist ein absoluter Luxus. Nur einen Katzensprung vom Münchner Ostbahnhof entfernt, können Sie acht verschiedene Werkstätten für Ihre Ideen nutzen und sich mit Gleichgesinnten austauschen. Warum fertig kaufen, wenn Selbermachen so viel Spaß machen kann? Im Handumdrehen verschwinden Schwellenängste und in Kursen, Workshops und offenen Treffs wächst das handwerkliche Selbstbewusstsein und Geschick. Die Preise für Werkstatt- und Maschinennutzung sind übrigens günstig und gezahlt wird ganz unkompliziert auf Stundenbasis oder mit Dauerkarten. Auch an Kinder und Jugendliche wird gedacht, mit einem spannenden Extra-Programm vom Kindergeburtstag bis zum Schnupperkurs zur Berufsfindung.

Reparieren statt wegwerfen und produzieren statt konsumieren. Das *Haus der Eigenarbeit* in München ist ein wunderbarer Ort des Wandels und der Nachhaltigkeit.

Das Werkstattcafé im Zentrum des Hauses ist der perfekte Ort für einen ersten Eindruck. Und wer weiß, vielleicht ja der Beginn einer großen Liebe.

Nur fünf Minuten vom Ostbahnhof entfernt und daher mit U- und S-Bahn, Tram und Bus erreichbar.

22

Klinglwirt
Balanstraße 16
81669 München
089 85676199
www.klinglwirt.de

Bayerisches Slow Food

Klinglwirt

Ein Restaurantbesuch in München ist für viele untrennbar mit Schweinsbraten, Knödeln und Krautsalat verbunden. Dazu noch urige Wirtshausatmosphäre, die oft beschworene bayerische »Gmiadlichkeit« und der Tag ist perfekt! Fast, denn es geht noch besser. Was, wenn das Essen nicht nur »sau guad«, sondern auch bio wäre? Der *Klinglwirt* bringt genau das zusammen und ist Münchens erstes zertifiziertes Bio-Wirtshaus. Verrückt, dass es bis ins Jahr 2011 dauerte, bis jemand auf die großartige Idee kam, bayerische Schmankerl in Bio-Qualität anzubieten.

Am Ende nahm die gelernte Diplom-Betriebswirtin Sonja Obermeier die Sache mit viel Herzblut in die Hand. Ihr Konzept? Sie wollte die Familientradition wieder aufleben lassen und die Essenz der beliebten Dorfgaststätte ihres Uropas in die große Stadt holen. Erst mal gar nicht so einfach in direkter Nähe von Verkehrsknotenpunkten wie der Rosenheimer Straße, die nicht gerade für beschauliche Ruhe bekannt ist. Trotzdem hat die Neu-Wirtin es geschafft, dass man sich bereits beim Überschreiten der Türschwelle sofort wie zu Hause fühlt und die Stadt vergisst. Ein Maibaum mitten in der Wirtsstube, rustikale Tische und Stühle aus dunklem Holz, karierte Kissen und eine Speisekarte voll kulinarischer Genüsse, die täglich frisch zubereitet werden. Für Fleischesser gibt es beim *Klinglwirt* allseits beliebte Klassiker wie Biergulasch oder Schweinsbraten mit Bio-Fleisch von den Herrmannsdorfer Landwerkstätten. Für Vegetarier und Veganer stehen Gerichte wie zum Beispiel köstliche Käsespätzle oder vegane Schupfnudeln mit Gemüse zur Auswahl. Bayerisches Soulfood im besten Sinne, das denkt auch *Slow Food Deutschland* und prämiert das Restaurant seit seiner Eröffnung Jahr für Jahr aufs Neue in seinem Genussführer.

Die beste Freundin der Wirtin hat die turbulente Gründungsphase des Restaurants in dem witzigen Buch *Drei Bier auf die Vier* festgehalten.

Etwa drei Minuten zu Fuß vom Rosenheimer Platz. Hier halten die S-Bahnlinien S1–S4 und S6–S8 sowie die Tram.

23

Poppi Farmer
St.-Bonifatius-Straße 1
81541 München
www.poppifarmer.de

KAFFEE MIT GUTEM GEWISSEN

Café Poppi Farmer

Was passiert, wenn zwei Geschwister ihrem geliebten Opa ein Denkmal setzen wollen? Na klar, sie gründen ein hippes Café, das all das widerspiegelt, was ihrem Großvater Josef zu Lebzeiten wichtig war. Das Ergebnis dieser schönen Idee ist das Café *Poppi Farmer*, einer der spannendsten Gastro-Newcomer in Obergiesing. Direkt am Nockherberg kommen seit 2021 vor allem Frühstücksfans und Liebhaber von richtig gutem Kaffee auf ihre Kosten und frönen sinnlichen Genüssen mit Verantwortungsbewusstsein. Was das mit der Verantwortung genau bedeutet, erklärt sich spätestens beim Blick in die vegetarische und vegane Speisekarte. Alle Produkte haben Bio-Qualität und stammen bis auf wenige Ausnahmen von regionalen Landwirten und Betrieben, der Kaffee unterstützt durch direkten Vertrieb Kleinbauern in den Anbaugebieten vor Ort und die Restmilch verwandelt sich schon mal in den leckeren Kräuter-Ricotta von morgen. Statt Überfluss und Verschwendung finden Sie sorgsam abgestimmte Frühstückskreationen, Kuchen und Snacks mit Liebe zum Detail und Wertschätzung für jede einzelne Zutat. Doch das *Poppi Farmer* geht noch einen Schritt weiter, denn dank Ökostrom und CO_2-Kompensation darf sich das Café sogar offiziell klimaneutral nennen.

Lassen Sie sich also nicht vom stylischen Wohlfühlambiente der warmen Naturtöne, den Messingaccessoires, pastellfarbenen Kissen und Holzmöbeln irritieren. Trotz der türkisfarbenen Tassen und des australischen Charmes geht es im *Poppi Farmer* vor allem um eines: innere Werte. Und genau wie es Opa Josef als Landwirt wichtig war, gute Lebensmittel zu erzeugen, liegt es nun seinen Enkelkindern Lisa Meßing und ihrem Bruder Jonas am Herzen, respektvoll mit unseren Ressourcen umzugehen und unsere Natur wertzuschätzen.

Wer keinen Kaffee mag, sollte unbedingt das *Holy Reishi Tonic* oder *Magic Chocolate* probieren.

Am schnellsten geht es mit der Tram (18/25) über die Haltestelle Ostfriedhof.

24

Giesinger Grünspitz
Ecke Martin-Luther-Straße/Tegernseer Landstraße
81539 München
089 890668326
www.greencity.de

KULTUR UND GARTELN FÜR ALLE

Giesinger Grünspitz

München Giesing ist traditionell das Revier der *Münchner Löwen* und das macht das berühmte *Grünwalder Stadion* wohl eindeutig zum Herzen des Viertels. An der Tegernseer Landstraße pulsiert das Leben und an Wochenenden pilgern schon früh morgens weiß-blau gekleidete Fußballfans zu ihrem *TSV 1860*. Wer dieses Spektakel einmal ganz entspannt beobachten möchte, der sollte unbedingt dem *Giesinger Grünspitz* einen Besuch abstatten. In Sichtweite des Stadions warten rund 2.000 Quadratmeter freie Fläche, gemütliche Bänke und alte Kastanienbäume mit weit ausladendem, grünem Kronendach nur darauf entdeckt zu werden. Die Rundum-Sorglos-Verpflegung vor Ort übernimmt ein kleines Kioskcafé mit regionalen Limonaden, Kaffee, leckeren Kuchen, Bier und Snacks.

Noch bis 2014 war das hier ganz anders, denn auf diesem wunderschönen Plätzchen wechselten Gebrauchtwagen ihren Besitzer. Eine echte Verschwendung! Zum Glück sind diese Zeiten lang vorbei und heute ist das zentral gelegene Dreiecksgrundstück ein Treffpunkt für alle. Möglich gemacht hat diesen Wandel das Programm *Soziale Stadt* in Zusammenarbeit mit dem Münchner Umweltschutzverein *Green City e.V.* Statt gewerblicher Nutzung wurde eine Vision von Nachbarschaft, Miteinander und Teilhabe zum Leben erweckt, die dem gesamten Viertel zugutekommt und wichtige Impulse für eine nachhaltige Zukunft setzt. Flohmärkte, Pflanzentauschbörsen, Kleidertauschpartys und Kulturveranstaltungen für Groß und Klein. Das Programm des *Grünspitz* ist genauso bunt und vielfältig wie die Bepflanzung der rund 20 Hochbeete im Urban-Gardening-Bereich.

Sie haben Lust, selbst aktiv zu werden? Termine und gemeinsame Treffen zum Ideenaustausch werden vor allem über die Facebookseite des *Grünspitz* koordiniert. Einfach mal reinschauen.

Besonders schön ist es hier in den Abendstunden zum gemeinsamen Sundowner.

Einen Katzensprung von der Haltestelle Silberhornstraße entfernt: U-Bahn (U2/U7), Tram (25), Bus (58).

25

Kulturcafé
Gans Woanders
Pilgersheimer Straße 13
81543 München
www.ganswoanders.de

HEXENHÄUSL MIT BAUMHAUSFLAIR

Kulturcafé *Gans Woanders*

Die Pilgersheimer Straße in Untergiesing ist viel befahren und wenig spektakulär. Mit einer Ausnahme – und die sieht aus, als hätten die Gebrüder Grimm oder Alice im Wunderland einen Architekten engagiert. Das Kulturcafé *Gans Woanders* ist ein schmales, verwinkeltes Hexenhäusl mit weißen Sprossenfenstern und steil zulaufendem Spitzdach, das von außen fast so wirkt, als wäre es einem Märchen entsprungen. Und auch im Inneren des Holzhauses bleibt es märchenhaft. Es gibt kuschelige Kaminzimmer, einen Innenhof mit Lagerfeuer und Bühne sowie eine große Balkonterrasse mit Außenbar und vielen versteckten Ecken und Nischen. In den Wipfeln der alten Ahornbäume original italienische Holzofenpizza essen, mit dem Sitznachbarn Rosmarin-Pommes teilen oder ein hausgemachtes veganes Pain au Chocolat genießen? Kein Problem.

Im *Gans Woanders* trifft Villa Kunterbunt auf Baumhausgefühl, und das trotz der eher zweifelhaften Lage an belebten Straßen und halb unter einer Eisenbahnbrücke. Wie schon bei der *Alten Utting* oder beim *Café Gans am Wasser* im Westpark ist es Julian Hahn und seinen Mitstreitern Philipp Behringer und Florian Jund auch in Untergiesing gelungen, einen geradezu verwunschenen Sehnsuchtsort zum Leben zu erwecken. Diesmal mit einer kleinen Finanzierungshilfe der Nachbarschaft, die das Projekt so mit ihren Spenden durch die Coronakrise brachte. Zum Glück! Wo sich ehemals ein verfallener Kiosk befand, ist nun ein Treffpunkt mit kreativem Flair für das ganze Viertel entstanden. Mit einer »Open Stage« für Mutige, buntem Kulturprogramm von der Akrobatikvorführung bis zum Kasperltheater sowie von der Lesung bis zum Konzert. Der perfekte Platz zum Entspannen, Genießen, Lauschen und um neue Freunde zu finden.

Unbedingt den leckeren Rüblikuchen probieren!

Nur circa 300 Meter von der U-Bahnhaltestelle Kolumbusplatz (U1/U2/U7) entfernt.

26

Baumschule Bischweiler
Sachsenstraße 2
81543 München
www.muenchen.de

GRÜNE WOHLFÜHLOASE

Baumschule Bischweiler

Im Münchner Stadtteil Untergiesing gibt es eine grüne Wohlfühloase, die von den Bewohnern des Viertels nur liebevoll »Rosengarten« genannt wird. Eingebettet zwischen Isarauen, *Schyrenbad*, Münchens ältestem Freibad, und der städtischen Baumschule liegen etwa 3.000 Quadratmeter Ruhe und Frieden. Ein Lieblingsplatz, an dem jeder und jede findet, was er oder sie gerade braucht. Im Schatten der alten Bäume herrscht beschauliche Stimmung und es wird gelesen, gemütlich geratscht und gedöst. Auf der großen Wiese kann man Ball spielen oder ein Picknick machen. Ein kleiner Bach, das *Freibadbächl*, lädt Groß und Klein zum Planschen ein. Doch in der Baumschule Bischweiler, wie das Gelände offiziell heißt, gibt es auch spannende Themengärten zu entdecken. Ein besonderes Schmuckstück ist zum Beispiel der Schaugarten mit Giftpflanzen oder der Tastgarten für Blinde und sehbehinderte Menschen. Im Rosengarten, in dem die Stadt Rosensorten für ihren Freilandeinsatz testet, blühen und duften rund 8.500 verschiedene Rosenstöcke um die Wette.

Seit 2015 gesellt sich zu diesem reichhaltigen Angebot ein Urban-Gardening-Projekt. Die Umweltorganisation *Green City e.V.* rief auf einer Parzelle im östlichen Teil des Parks die sogenannte *Essbare Stadt* ins Leben. Ähnlich wie auf dem *Giesinger Grünspitz* bekommen Bürger hier auf zwei Quadratmetern die Möglichkeit, sich als Gemüsegärtner auszuprobieren und zu beweisen. Rein ökologisch, ganz ohne Pestizide und Kunstdünger. Dabei wächst und gedeiht Jahr für Jahr eine beeindruckende Vielfalt an Kulturpflanzen von Roter Bete bis zu grünen Bohnen und von Apfelpaprika bis Zucchini. Ganz zur Freude der fleißigen Gärtner und vor den begeisterten Augen der kleinen und großen Beobachter.

Im Sommer für Kinder auf jeden Fall Badesachen und Wechselkleidung einpacken. Der kleine Bach hat eine magische Anziehungskraft.

Mit der U1/U2/U7 über die Haltestelle Kolumbusplatz oder mit dem Bus 58 über die Claude-Lorrain-Straße zu erreichen.

27

Alte Utting
Lagerhausstraße 15
81371 München
089 707770
www.alte-utting.de

Bahnwärter Thiel
Tumblingerstraße 45
80337 München
089 45215063
www.bahnwaerterthiel.de

AHOI, IHR STADTMATROSEN!

Bar *Alte Utting*

München ist ein teures Pflaster, das macht es gerade Kreativen und Freigeistern schwer, Fuß zu fassen. Doch manchmal kann München auch anders. Alles, was es dafür braucht, ist ein Team von Träumern und Luftschlossarchitekten sowie den Mut und die Tatkraft, um die Gastro- und Kulturszene der Stadt umzukrempeln. Einfach mal machen, genau so entstand mein nächster Lieblingsplatz, die Bar *Alte Utting* mitten im Schlachthofviertel, einem von Münchens inoffiziellen Stadtteilen.

Schon beim ersten Anblick wird deutlich, was an diesem Ort besonders ist. Zu sehen ist kein normales Gebäude mit Wänden, Türen und Fenstern, sondern ein alter Ausflugsdampfer. Ja, Sie haben richtig gelesen. In ihrem früheren Leben schipperte die *Utting* sonnenhungrige Ausflugsgäste über den Ammersee, bis sie die Brüder Hahn schließlich 2016 vor der Verschrottung retteten und in die Stadt holten. Was für eine verrückte Idee, ein schrottreifes Schiff als Eventlocation! Aber bei *Daniel, Julian, Laurin und ihrem Kulturverein Wannda* haben sich die städtischen Behörden wahrscheinlich längst daran gewöhnt, eher seltsam anmutende Anträge zu bearbeiten. Was all ihre Projekte gemeinsam haben? Sie hauchen Altem und Ungenutztem neues Leben ein und erobern längst vergessene Ecken für ein buntes Publikum zurück. Diesmal eine stillgelegte Eisenbahnbrücke und ein Schiff, das mit Bar, Biergarten und Essenständen heute wohl einer der schönsten Plätze für den Feierabenddrink ist. Mit Bio-Wein im Glas und leckerem Streetfood aus aller Welt lässt es sich an Deck wunderbar aushalten. Als Schmankerl obendrauf genießen Sie den spektakulären Ausblick und die herrliche Abendsonne. Zusätzlich gibt es noch ein buntes Kulturprogramm für Groß und Klein mit Kasperltheater, Musik und Lesungen.

Auch die Nachbarschaft lohnt sich! Hier lockt jede Menge Street-Art, das Kulturprojekt *Bahnwärter Thiel* und in der Tumblingerstraße 29 das Urban-Gardening-Projekt *Bahngarten*.

Die Anfahrt ist entweder mit der U-Bahn (U3/U6 Haltestelle Poccioder Implerstraße) oder mit dem Bus (132/62 Haltestelle Lagerhausstraße) möglich.

28

Om Nom Nom Café und Feinkost
Oberländerstraße 24a
81371 München
089 76702464
www.om-nom-nom.de

HIMMEL FÜR KÄSE-ALTERNATIVEN

Café und Feinkost *Om nom nom*

Noch bis in die 70er-Jahre waren in der Oberländerstraße 24a mitten in Sendling Schweinsbraten, Schnitzel und Weißwürscht zuhause. Die Wurstschneidemaschine surrte leise vor sich hin, Leberkäs brutzelte in der Auslage und für Kinder gab es zum Abschied ein Stück Wiener auf die Hand. Eine typisch bayerische Metzgerei, so wie sie in vielen Stadtvierteln zu finden ist.

Heute weht hier längst ein anderer Wind und an die eher blutige Vergangenheit erinnern lediglich die deckenhoch gefliesten Wände. Das Café *Om Nom Nom* steht für kulinarischen Wandel und vegane Köstlichkeiten vom Feinsten. Und das bedeutet weit mehr als Sojalatte, Hummus und Avocado-Sandwiches. Marlen und Daniel bieten den Gästen ihres stylischen Ladencafés himmlische vegane Käsealternativen: Cremiger Cashew-Camembert aus Paris, hausgemachter Trüffel-Pfeffer-Frischkäse, Parmesan aus London, Kurkuma-Käse. Die Auswahl an rein veganen Sorten ist riesig (bis zu 50 Sorten!) und macht die Frischetheke so zum absoluten Highlight des Ladens. Eine echte Offenbarung vor allem für all diejenigen, die bisher dachten, klassischer Käse aus Milch wäre durch nichts zu ersetzen.

Meine persönliche Empfehlung? Am besten bestellen Sie sich die *No-Cheese Plate* zum Probieren – und genießen ganz entspannt dieses neue Geschmackserlebnis. An einem der gemütlichen Tische im Café oder bei schönem Wetter auch draußen unter freiem Himmel. Zum Nachtisch gibt es eine der großartigen veganen Kuchenspezialitäten. Was will man mehr?

Mit ziemlicher Sicherheit wiederkommen, denn das *Om Nom Nom* mit seinem Industrial-Charme und der herzlichen Atmosphäre hat definitiv Suchtpotential.

Unbedingt die Mitnehm-Boxen fürs Picknick oder zum Zuhause-Schlemmen ausprobieren. Verpackt wird im umweltfreundlichen Karton.

Nur knapp drei Gehminuten von der U-Bahnhaltestelle Implerstraße (U3/U6). Auch die Buslinie 132 hält an der Implerstraße.

29

Stemmerhof
Plinganserstraße 6
81369 München
089 76755965
www.stemmerhof.de

DORFGEFÜHL MITTEN IN DER STADT

Stemmerhof

Was würden Sie sagen, wenn ich Ihnen erzählte, dass noch bis in die 1990er-Jahre Milchkühe mitten in der Stadt grasten? Damals war der Stemmerhof in Sendling Münchens letzter landwirtschaftlich betriebener Bauernhof und ein Ort mit langer Tradition und Geschichte. Bereits im Jahre 1381 findet der Hof am Sendlinger Berg, dem westlichen Isarhochufer, erstmals Erwähnung in den Archiven. Bis 1992 wurden hier Kartoffeln für die Schnapsherstellung angebaut, Hühner legten ihre Eier und 46 Milchkühe lieferten täglich Milch, Sahne und Butter für den kleinen Hofladen. Damals gab es wohl kaum ein Fleckerl so nah am Stadtzentrum, an dem das »Millionendorf« München mehr zu spüren war als an der Plinganserstraße 6.

Der Bauernhof existiert mittlerweile zwar nicht mehr, aber die Dorfidylle ist geblieben. Noch heute versprüht das Gebäudeensemble mit seinem zentralen Innenhof einen besonderen Charme und wurde in seiner Ursprungsform erhalten. Einzig die Nutzung der Räumlichkeiten hat sich inzwischen verändert. Als erstes eröffnete Elisabeth Stemmer-Kunz 2001 in der alten Wagenhalle den *Biomarkt Stemmerhof*, der neben ökologischen Lebensmitteln und einer Frischetheke auch eine schöne Auswahl an Naturkosmetik im Sortiment hat. Dem Bioladen folgten nach mehreren Sanierungen Veranstaltungsräume, Gastronomiebetriebe wie der *Hof Laden* mit seiner regionalen Brotzeit und kleine Geschäfte wie der Fahrradladen *Bike Concepts*. So hat sich der Stemmerhof auf über 2.800 Quadratmetern Fläche Schritt für Schritt neu erfunden und bietet seinen Besuchern einen entspannten Platz zum Verweilen, zum Einkaufen und für kulturelle Begegnungen. Eben genau wie die Idealvorstellung eines Dorfplatzes 2.0 mitten in der Stadt.

Direkt hinter dem Stemmerhof liegt die städtische Grünanlage *Stemmerwiese*. Wo früher Milchkühe weideten, ist heute viel Platz zum Entspannen und Dösen in der Sonne.

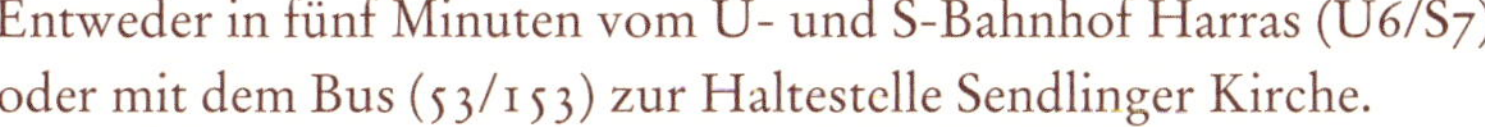

Entweder in fünf Minuten vom U- und S-Bahnhof Harras (U6/S7) oder mit dem Bus (53/153) zur Haltestelle Sendlinger Kirche.

30

Servus Resi – natürlich unverpackt
Kistlerhofstraße 111
81379 München
089 18911448
www.servus-resi.de

GLAS UND SACKERL STATT PLASTIK

Unverpacktladen *Servus Resi*

Noch bis vor ein paar Jahren war der Wunsch, Lebensmittel unverpackt einzukaufen, ziemlich exotisch. Obst und Gemüse gab es zwar lose auf den Wochen- und Stadtteilmärkten und ganz organisierte Zeitgenossen brachten ihr eigenes Stoffsäckchen mit zum Bäcker. Aber Haferflocken, Nudeln oder Spülmittel ohne Verpackung? Nahezu unmöglich. Heute ist das anders und mittlerweile sind Unverpacktläden wie das *Servus Resi* in der Kistlerhofstraße zum Glück auch in vielen Vororten und Dörfern angekommen. Mit leeren Gläsern, Stoffbeuteln und Vorratsdosen im Gepäck eröffnet sich eine ganz neue und nachhaltige Einkaufswelt. Und das geht denkbar einfach: das Gefäß vor Ort wiegen, Leergewicht notieren, gewünschtes Produkt aus Schütten und Spendern abfüllen, an der Kasse grammgenau bezahlen und jede Menge Plastik sparen.

In München ist das so bereits an über zehn Standorten im Stadtgebiet möglich. Unverpacktes vom Supermarkt *OHNE* in Schwabing bis zur Drogerie *abgefüllt & unverpackt* in der Fraunhoferstraße. Auch im *Servus Resi* in Obersendling steht der Zero-Waste-Gedanke an oberster Stelle und die sympathische Chrissi Holzmann hat ihrem Traum vom eigenen Laden mit viel Herzblut Leben eingehaucht. Entstanden ist ein wunderbar puristischer Ort zum Durchatmen und Wohlfühlen, mit allem, was man für ein plastikfreies Leben braucht. Regionale Lebensmittel von ausgewählten Erzeugern, hochwertige Kosmetik, Haushaltswaren und praktische Alltagshelfer. Ob Klopapier, Putztücher aus Kupfer oder herrlich duftende und frisch geröstete Kaffeebohnen: Das Sortiment im Laden ist vielfältig und lässt keinen Wunsch offen. Chrissis Uroma Resi hätte sich sicher gefreut zu sehen, was aus der Familientradition vom kleinen Tante-Emma-Laden im Allgäu geworden ist.

Schauen Sie auf der Instagram-Seite des *Servus Resi* vorbei, hier gibt es tolle Tipps und Tricks, um Plastik zu sparen.

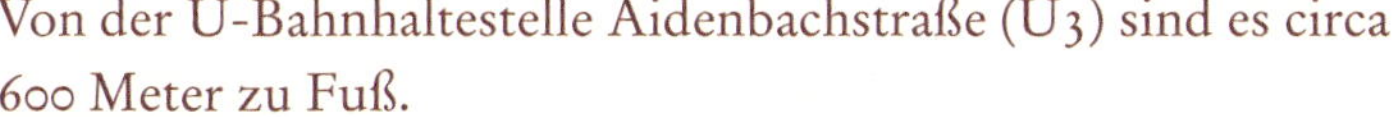

Von der U-Bahnhaltestelle Aidenbachstraße (U3) sind es circa 600 Meter zu Fuß.

31

Westpark
81373 München
www.muenchen.de

Café Gans am Wasser
Mollsee im Westpark
81373 München
www.gansamwasser.de

AUSZEIT FÜR DIE GANZE FAMILIE

Westpark

Einst war die Fläche des heutigen Westparks nicht viel mehr als eine brachliegende Ebene mit zwei alten Eichen. Kaum zu glauben, oder? Dank der Vision des Münchner Landschaftsarchitekten Peter Kluska begann 1977 die Verwandlung zu einer am Reißbrett geplanten, künstlichen Voralpenlandschaft mit Stadtkulisse. Die perfekte Illusion und ein Meisterwerk der modernen Landschaftsgestaltung.

In nur sechs Jahren wurden insgesamt rund 1,5 Millionen Kubikmeter Erde bewegt. Es wurden künstliche Seen, Bachläufe und Moore angelegt, circa 6.000 große Bäume und 100.000 Sträucher gepflanzt. Ein enormer Aufwand, bei dem es keineswegs nur um die Optik ging. Mit viel Fingerspitzengefühl schaffte es Kluska, durch Hügel und Täler sowie mit der durchdachten Vegetationsanordnung den Verkehrslärm auszusperren und so im Park für erholsame Ruhe zu sorgen. Alle weiteren Highlights vom Abenteuerspielplatz bis zum Tempel sind der Tatsache zu verdanken, dass der Westpark ursprünglich für die *Internationale Gartenbauausstellung (IGA)* 1983 konzipiert wurde. Auf Wunsch der Münchner blieben einige der Ausstellungsbeete und Nationengärten bis heute erhalten. So bietet der Westpark nicht nur Platz zum Spazierengehen oder Joggen, sondern auch zum Schnuppern an Blumen und Meditieren mit beruhigendem Blick auf die *Thai-Sala* oder die originalgetreue nepalesische Pagode. Es gibt zahlreiche Kunstwerke im öffentlichen Raum zu entdecken wie zum Beispiel den *Guten-Tag-Brunnen* von Makoto Fujiwara, ein buntes Potpourri an Kulturveranstaltungen und an lauen Sommerabenden verwandelt sich die Seebühne zum *Kino, Mond & Sterne*. Fehlt noch etwas? Na klar, ein paar der spannendsten Spielplätze der Stadt zum Austoben und das gemütliche *Café Gans am Wasser* für die perfekte kulinarische Auszeit mit kreativem Hippie-Charme.

In den Sommermonaten bietet die Stadt München auf der Gymnastikwiese *Fit im Park* an, ein täglich wechselndes und kostenloses Freizeitsportprogramm.

Der Westpark ist mit dem ÖPNV vielseitig zu erreichen. Von der U-Bahnhaltestelle Westpark (U6) sind es nur wenige Hundert Meter bis in den Park.

32

Isar Kollektiv
Theresienhöhe 5
80339 München
0176 23248041
www.isarkollektiv.de

REGIONALE DESIGNVIELFALT

Geschenkladen *Isar Kollektiv*

Wäre es nicht schön, wenn es die wunderbare Vielfalt von regionalem Design, Kunsthandwerk und lokalen Köstlichkeiten an nur einem Ort gebündelt gäbe? Wenn Sie diese Frage mit einem klaren Ja beantworten, dann sollten Sie unbedingt im *FORUM Schwanthalerhöhe* vorbeischauen und dem *Isar Kollektiv* einen Besuch abstatten. Dieser kleine Laden im Erdgeschoss eines Shoppingcenters ist neben all den Discountern, Drogeriemärkten und allgegenwärtigen Fast-Fashion-Ketten eine mehr als angenehme Überraschung und eine echte Wohltat inmitten der Konsumflut.

Handgemachte Taschen, Schmuckunikate, außergewöhnliche Alltagsgegenstände, feine Naturkosmetik und individuelle Kindermode und Spielzeug. Das *Isar Kollektiv* ist ein Tummelplatz für liebevoll ausgewählte Schätze und einzigartige Geschenkideen und der perfekte Ort für spannende Neuentdeckungen, die sich in den bunt bestückten Regalen und Auslagen verstecken.

Doch Heidi Nickel geht es in ihrem hübschen Laden nicht allein um ein besonderes Shoppingerlebnis. Sie möchte kleinen Manufakturen, Künstlern und Start-ups eine stilvolle Plattform bieten und deren Produkte für ein größeres Publikum zugänglich machen. Klasse statt Masse, lautet die Devise. Und natürlich hat dank innovativen Materialien, natürlichen Rohstoffen sowie sozial und ökologisch gerechter Herstellung auch Nachhaltigkeit einen festen Platz im *Isar Kollektiv*. Ein tolles Beispiel hierfür ist das spannende Münchner Naturkosmetiklabel *Circly*, das Wirkstoffe aus upgecyceltem Kaffeesatz in feuchtigkeitsspendendes Gesichtsserum und Lippenpflege verwandelt.

Einige der hübschen Produkte lassen sich mit Gravuren, Prägungen oder einer individuellen Stickverzierung je nach Geschmack personalisieren. Fragen Sie doch einfach im Laden nach.

Nur etwa 500 Meter vom Hauptbahnhof entfernt oder über die U-Bahnhaltestelle Theresienwiese (U4/U5) zu erreichen.

33

Jugendherberge München City
Winthirplatz 8
80639 München
089 20244490
www.jugendherberge-muenchen-city.de

MODERN, BUNT UND NACHHALTIG

Jugendherberge München City

Wussten Sie, dass man bis Ende der 1950er-Jahre nur dann in einer Jugendherberge übernachten durfte, wenn man zu Fuß, mit dem Fahrrad oder dem Paddelboot unterwegs war? Reisende mit motorisiertem Untersatz hatten hier schlechte Karten auf ein preisgünstiges Bett. Im Laufe der über 100-jährigen Geschichte des Deutschen Jugendherbergswerks hat sich so manches verändert, Nachhaltigkeit und soziale Gerechtigkeit sind und bleiben aber essentielle Bestandteile der DNA des gemeinnützigen Vereins. Wohl auch deshalb können heute Generationen von Schulklassen, Jugendgruppen und jungen Erwachsenen auf wunderbare Erinnerungen in »ihrer« Jugendherberge zurückblicken.

Die *Jugendherberge München City* im Stadtteil Neuhausen ist das älteste und eines der größten Stadthäuser im Deutschen Jugendherbergswerk, und sie ist ein Paradebeispiel für all das, was Jugendherbergen heute sein können. Hinter diesen altehrwürdigen Mauern vereinen sich Moderne und traditionsreiche Geschichte zu einem vielseitigen Lern- und Erlebnisort für alle. Inklusiv und unabhängig von Herkunft oder Geldbeutel. Seit der Wiedereröffnung im Sommer 2022 erstrahlt das knapp 100 Jahre alte Gebäude mit seinem energieeffizienten Anbau in neuem und nachhaltigem Glanz. Insgesamt 397 Betten in 101 Zimmern mit eigener Dusche und WC, davon 22 Zimmer barrierefrei ausgebaut. Tagungsräume, ein begrünter Innenhof mit Terrasse, eine Ladestation für E-Bikes und leckeres Essen mit regionalen Produkten und vielen Zutaten in Bio-Qualität. Im Haus *München City* wird himmlisch geschlafen und königlich gespeist. Ganz nebenbei eröffnen sich dabei neue Horizonte. Mit professionellen Proberäumen, einem eigenen Tonstudio und einer mobilen Bühne bietet Neuhausen Kulturschaffenden und Künstlern ein zweites Zuhause und einen Platz für Gemeinschaft und neue Freunde.

In Thalkirchen steht mit der *Jugendherberge München Park* eine weitere Übernachtungsmöglichkeit zur Verfügung. Auch hier sind Familien herzlich willkommen.

In wenigen Gehminuten vom Rotkreuzplatz (U1/U7) aus zu erreichen.

34

diakonia – kleidsam
Blutenburgstraße 65
80636 München
089 12159527
www.diakonia-kleidsam.de

GEBRAUCHTE MODE, FAIRE CHANCEN

Secondhand-Geschäft *diakonia – kleidsam*

Der reguläre Arbeitsmarkt kann ein hartes Pflaster sein. Wer nicht in das starre Korsett von konstanter Leistung, festen Zeiten und Präsenz passt, der kann schnell durchs Raster fallen und seinen Job verlieren. Oftmals dauerhaft, denn körperliche oder psychische Beeinträchtigungen und fordernde Lebenslagen, wie die Pflege von Angehörigen oder alleinerziehend zu sein, können den Wiedereinstieg schwer machen. Die Münchner *diakonia* setzt genau an diesem Punkt an. Hier bekommen Langzeitarbeitslose die Chance auf berufliche Orientierung, Förderung und Qualifizierung und damit eine sinnvolle Tätigkeit mit gesellschaftlicher Teilhabe. Möglich machen das die vielfältigen Sozialbetriebe der gemeinnützigen Organisation, die mittlerweile bereits 400 Menschen beschäftigen. Ein Musterbeispiel für Integration in den Arbeitsalltag.

Das *kleidsam* in Neuhausen ist Teil der *diakonia*-Familie und widmet sich Gebrauchtem wie Kleidung, Schuhen, Taschen, Schmuck und anderen Accessoires. Eine wahre Fundgrube für hochwertige Damen-Secondhandmode von schick bis ausgefallen, und von festlich bis alltagstauglich. Im Verkauf und hinter den Kulissen des hübschen Ladens arbeiten langzeitarbeitslose Frauen und verhelfen den sorgsam ausgewählten Stücken zu neuem Glanz und einem prunkvollen Auftritt. Und weil die Regale und Kleiderständer täglich neu bestückt werden, lohnt es sich durchaus, öfter mal vorbeizuschauen und ein bisschen zu stöbern.

Sie haben selbst noch ungenutzte oder ungeliebte Klamotten in Ihrem Kleiderschrank? Auch dann sind Sie bei *diakonia – kleidsam* genau richtig. Ihre Spende kann nicht nur dazu beitragen, dass Kleidung nachhaltiger wird, sondern sie finanziert und sichert durch den Verkaufserlös dauerhaft wertvolle Arbeitsplätze.

Die *diakonia* betreibt in München sieben Shops für Secondhandkleidung und Gebrauchtwaren aller Art.

Nur einen Katzensprung von der U-Bahnhaltestelle Maillingerstraße (U1/U7) entfernt. 

35

Botanischer Garten München-Nymphenburg
Menzinger Straße 65
80638 München
089 17861321
www.botmuc.de

Museum Mensch und Natur
Schloss Nymphenburg
80638 München
089 1795890
www.mmn-muenchen.de

VON EXOTIK BIS BIOTOPIA

Botanischer Garten München-Nymphenburg

Der Botanische Garten und der benachbarte Schlosspark Nymphenburg sind definitiv kein Geheimtipp. Dennoch gehören sie zu meinen absoluten Lieblingsplätzen in München. Blütenduft, mondäne Bauwerke und filigrane Statuen, Neues und Spannendes zum Lernen und viel Platz für ausgedehnte Spaziergänge. Nur wenige Orte bieten eine derartige Vielfalt an Möglichkeiten in direkter Nachbarschaft und ohne große Strecken zurücklegen zu müssen. So schön und einfach kann Naherholung sein.

Machen Sie einen Kurztrip in die Tropen und tauchen Sie ab in ein Blumenmeer und sattes Grün. Vor allem in den Wintermonaten ein echter Balsam für die Seele. Der Botanische Garten ermöglicht uns mit seinen Häusern und der abwechslungsreichen Außenanlage eine spannende Reise durch die Vegetationszonen unserer Erde und er zeigt sich an jeder Ecke von einer neuen Seite. Mal wild als Steingarten oder Teichlandschaft, mal streng geometrisch und klar strukturiert als Schlossgarten. Lohnend sind auch die regelmäßig wechselnden Sonderausstellungen wie zum Beispiel die Schmetterlingsschau (Dezember bis März), bei der die bunten Insekten live vor Ort schlüpfen und zur Freude der Besucher frei durch das Gewächshaus flattern.

Dank einem Durchgang am Rhododendronhain können Sie vom Botanischen Garten direkt weiter in den Schlosspark spazieren und sich durch die idyllische Parkanlage mit ihren Kanälen, Brücken, Seen und Bächen treiben lassen. Ein echtes Vergnügen für Schlossfans und Naturliebhaber. Wer Glück hat, dem können entlang des ausgedehnten Wegenetzes Eichhörnchen, Rehe oder sogar der Waldkauz Kasimir begegnen.

Während der Umbauphase des *Museums Mensch und Natur* können Besucher im *BIOTOPIA Lab* im Botanischen Garten die Wunder der Natur erfahren und intuitiv begreifen. Das Museum eröffnet voraussichtlich ab 2025 mit neuem Konzept als *BIOTOPIA – Naturkundemuseum Bayern.*

Sie erreichen den Botanischen Garten bequem per Tram (17) und Bus (143/180) über die gleichnamige Haltestelle.

86

Tollwood
Sommer (ab Mitte Juni)
Olympiapark Süd
80809 München

Winter (ab Ende November)
Theresienwiese
80336 München
089 3838500
www.tollwood.de

SO SCHÖN KANN WANDEL SEIN

Festival *Tollwood*

Zweimal im Jahr findet in München ein großes Festival statt, eine Art Jahrmarkt mit gutem Essen, Live-Musik, Kulturveranstaltungen und kunterbunten Marktständen, im Sommer im Olympiapark Süd und auf der Theresienwiese im Winter. Je nach Jahreszeit wird die Luft erfüllt von Seifenblasen oder Glühweinduft, und die Herzen der kleinen und großen Besucher sind beseelt vom Zauber der glitzernden Lichter und rosaroten Sommersonnenuntergänge. Das Münchner *Tollwood* umgibt eine spezielle Atmosphäre. Oft kopiert und doch nie erreicht. Und da ist noch eine andere Geschichte rund um dieses Festival, die dringend erzählt werden muss.

Vom Münchner Umweltpreis über den *Green Operations Award* bis hin zum Bundesverdienstkreuz. All diese Preise und Auszeichnungen haben das *Tollwoodfestival* und seine Veranstalter bereits abgeräumt. Für das ökologische und soziale Engagement sowie den konsequenten Einsatz für Kultur, Gemeinschaft, Umwelt- und Tierschutz. Das *Tollwood* beweist eindrucksvoll, dass eine Großveranstaltung mit Musik, Theater, Markt und Kulinarik möglich ist, ohne bei ökologischen oder sozialen Standards Kompromisse zu machen. Dieser Grundsatz gilt seit der Geburtsstunde im Jahr 1988. So haben die internationalen Leckereien aus rund 20 Nationen selbstverständlich Biostandard, Lampen und Co werden mit Ökostrom aus regenerativen Quellen betrieben und die Waren auf dem Multikulti-Markt wurden fair produziert. Das *Tollwood* bietet Spaß mit Rücksicht und Verantwortung und geht damit als leuchtendes Vorbild der Eventbranche voran. Darüber hinaus öffnet es durch kostenlose Tausch-Schränke, öffentliche Diskussionsrunden oder Street-Art-Projekte den nötigen Raum für gesellschaftlich relevante Themen von A wie Armut bis Z wie Zero Waste.

Verpassen Sie nicht das kostenlose Angebot für Kinder mit spannenden Veranstaltungen und Gelegenheiten zum Basteln und Experimentieren.

Das Sommerfestival erreichen Sie am besten mit der U2/U3 oder U8 bis Scheidplatz und ab da mit dem Stadtbus 144. Zum *Tollwood* im Winter fährt Sie die U4 und U5 (Haltestelle Theresienwiese).

37

Ramersdorfer Kinder- und Jugendfarm
Görzer Straße 95
81549 München
089 60062815
www.jugendfarm-muenchen.de

LANDLUFT IN DER STADT

Ramersdorfer Kinder- und Jugendfarm

Nicht nur Erwachsene und kleine Kinder brauchen einen Platz zum Wohlfühlen, Entspannen und einfach Sein. Auch Schulkinder und Jugendliche müssen sich ohne Bevormundung und ständiger Überwachung ausleben und herausfinden dürfen, was sie ausmacht und wer sie eigentlich sein wollen. Sie brauchen ein eigenes Refugium und deshalb ist die Kinder- und Jugendfarm in Ramersdorf einer meiner absoluten Lieblingsplätze in München. Sie bietet Kindern und Jugendlichen zwischen sechs und 17 Jahren nämlich genau das: einen Schutzraum, um mit Gleichgesinnten groß zu werden. Und noch dazu einen mit Landluft-Bonus, denn wie der Name es schon vermuten lässt, ist die Farm ein urbaner Mitmach-Bauernhof. Vom Tierstall über den Bauerngarten bis hin zu den Bienenstöcken.

Egal in welchem Bereich, das Anpacken und Aktivwerden ist hier nicht nur erlaubt, sondern ausdrücklich erwünscht. Jeder und jede darf sich mit Herz, Hand und Verstand einbringen und sich als ein wichtiger Teil der Gemeinschaft fühlen. So wird spielerisch Verantwortung und Sozialkompetenz vermittelt und die Teenager können zudem wertvolle neue Fähigkeiten wie zum Beispiel naturnahes Gärtnern oder die Pflege eines Tieres erlernen. Neben dem bauernhofähnlichen Teil bietet der offene Freizeittreff zusätzlich gut ausgestattete Werkstätten zum Töpfern, Schreinern und Schmieden. Das rund 5.000 Quadratmeter große Gelände ist ein wahres Paradies, um sich auszuprobieren und Neues für sich zu entdecken. Handwerk und Kreativität, Tierliebe und Verantwortung oder einfach nur Spielen und Toben auf dem großzügigen Abenteuerspielplatz. Hier in Ramersdorf macht Großwerden Spaß und gleichzeitig wird ein wichtiger Impuls gesetzt: die Liebe zur Natur.

Am westlichen Stadtrand, in der Wiesentfelser Straße 59 in Neuaubing finden Sie einen weitere Kinder- und Jugendfarm. Hier sind zu bestimmten Öffnungszeiten auch Erwachsene mit jüngeren Kindern willkommen, Informationen gibt es auf der Webseite.

Am nächsten ist die Bushaltestelle Görzer Straße (Linie 145), die zwischen der S-Bahnhaltestelle Fasangarten (S3) und dem Ostbahnhof verkehrt.

38

Community Kitchen
Fritz-Schäffer-Straße 9
81737 München
www.community-kitchen.com

KLIMA SCHÜTZEN UND LECKER ESSEN

Community Kitchen

Die meisten Menschen reagieren auf die Herausforderungen in ihrem Leben pragmatisch und hoffen manchmal sogar insgeheim, dass irgendjemand schon eine Lösung für das Problem finden wird. Günes Seyfarth ist da anders. Fehlen Betreuungsplätze in ihrem Viertel, so gründet sie kurzerhand eine Kita. Brauchen Familien einen digitalen Basar für zu klein gewordene Kleidung, dann ist das die Geburtsstunde von *Mamikreisel.* Angst, Neues auszuprobieren und finanzielle Risiken einzugehen? Fehlanzeige. Günes‹ Motto ist: »Entweder wird es ein Erfolg, eine Erfahrung oder beides.« Die Münchnerin ist eine mutige Macherin und jemand, der die Stadt mit ihrem Innovationsgeist mitgestaltet.

Doch das ist noch lange nicht alles. Seit fast zehn Jahren ist sie auch als Lebensmittelretterin unterwegs und hat mit anderen engagierten Helfern bereits Tonnen von noch verzehrfähigen Nahrungsmitteln vor dem Müll bewahrt. Eine echte Herzensangelegenheit. Mit ihrem neusten Start-up, der *Community Kitchen* in Neuperlach, heben sie und ihre Mitgründerin Judith Stiegelmayr ihre Leidenschaft nun auf ein neues Level. Im einstigen Sitz eines großen Versicherungsunternehmens mit professioneller Großküche und geräumiger Kantine werden gerettete Zutaten in großem Stil in leckere Mahlzeiten für alle verwandelt. Aber die *Community Kitchen* will mehr sein als ein nachhaltiges Restaurant. Die ehemalige Kantine ist ein interaktiver Treffpunkt mit Mitmachküche, es gibt einen »Fairteiler« für Lebensmittelspenden und an Schultagen bekommen Schüler jeden Morgen ein kostenloses Pausenbrot. So wunderbar kann soziales Unternehmertum aussehen und so gut kann Klimaschutz schmecken – denn aufzuessen, was schon da ist, ist nichts weniger als die drittwirksamste Maßnahme im weltweiten Klimaschutz.

Die *Communtiy Kitchen* beliefert als Catering auch Kitas, Schulen und Unternehmen.

Nur wenige Gehminuten vom U-Bahnhof Neuperlach Zentrum (U5/U7/U8) entfernt. 

39

Abenteuerspielplatz Maulwurfshausen
Albert-Schweitzer-Straße 24
81735 München
089 6701131
www.maulwurfshausen.de

PARADIES FÜR KLEINE BAUMEISTER

Abenteuerspielplatz *Maulwurfshausen*

Wir befinden uns in Perlach und spazieren in Richtung Ostpark. Am südwestlichen Ende der öffentlichen Grünanlage versteckt sich nämlich etwas ganz Besonderes: der wahrscheinlich alternativste und abenteuerlichste Spielplatz Münchens, *Maulwurfshausen*. Auf 2.600 Quadratmetern rund um eine ehemalige Landvilla der *Perlacher Haid* ist seit Mitte der 70er-Jahre ein kunterbuntes Kinderparadies für Sechs- bis Dreizehnjährige entstanden. Das gesamte Jahr über und bei jedem Wetter geöffnet und kostenlos zugänglich. Über die aktuellen Öffnungszeiten informiert die Webseite.

Ähnlich wie bei der Ramersdorfer Kinder- und Jugendfarm dreht sich auch an diesem Ort alles um Gemeinschaft, Teilhabe und Selbstermächtigung im Rahmen eines nachhaltigen Bildungskonzepts. So überrascht es kaum, dass auf dem gesamten Gelände selbstgebaute Gemüsebeete, Kräutergärten, Insektenhotels und Nistkästen stehen. Ob Upcycling in der Kreativ-Werkstatt, ein Weidentipi als lebendes Bauwerk aus Naturmaterial oder die Live-Stromerzeugung mit Windrad und Solarpanelen im *Dorf der Zukunft* – das allgegenwärtige Motto des offenen Treffs ist Nachhaltigkeit zum Erleben und Mitmachen. Und zum Mitgestalten, denn ein großer Teil des Spielplatzes wird von den Kindern selbst geplant und gebaut. So entstehen aus Holzbrettern und Latten sukzessive Hütten und Häuser für fantasievolle Spiel- und Erlebnisräume, ja eine ganze Spielstadt zum Entdecken. Unterstützung bei der Umsetzung eigener Ideen gibt es vom pädagogischen Personal vor Ort, das auch den Einsatz der Werkzeuge fachkundig begleitet. Wer gerade keine Lust auf Hämmern und Sägen hat, der findet im Spielhaus und im Außengelände mit großer Wasserrutsche viel Raum zum Toben. Hier wünscht man sich wirklich, wieder Kind zu sein …

An den Wochenenden können Sie die Location exklusiv für Kindergeburtstage mieten.

Nur circa 600 Meter von der U-Bahnhaltestelle Quiddestraße (U5/U7/U8) entfernt.

40

Perlacher Forst
Startpunkt Wanderung:
Forstdienststelle
Giesinger Waldhaus
Am Perlacher Forst 161
81545 München

WALDGEFÜHL MIT U-BAHNANSCHLUSS

Perlacher Forst

Der menschenscheue Einsiedlertyp hat es im Meer der Geräusche und Gesichter der Stadt schwer. Es gibt jedoch ein paar Plätze in München, an denen sich auch einsame Wölfe wohlfühlen und man für ein paar Stunden keiner Menschenseele begegnen kann. Einer davon ist der Perlacher Forst im Südosten der Stadt. Das Schöne? Das 13,36 Quadratkilometer große Waldgebiet, das zu den Bayerischen Staatsforsten gehört, ist wunderbar einfach mit der U-Bahn zu erreichen, sozusagen Naturerlebnis leicht gemacht. Von unserem Startpunkt aus, dem Giesinger Waldhaus am Nordeingang des Forsts, entfaltet sich ein Wegenetz, das den Wald wie ein Schachbrettraster durchzieht. Sich treiben lassen, gemütlich spazieren oder die Picknickdecke auspacken und den Vögeln lauschen. Ganz egal, wofür Sie sich entscheiden – die Stille, der würzig-erdige Geruch nach Harz und Moos und das sanfte Blätterrauschen werden Sie in Windeseile in eine andere Welt entführen.

Wer lieber mit konkretem Ziel unterwegs ist, für den habe ich ein paar besondere Highlights anzubieten. Der erste Tipp ist der gut ausgeschilderte Trimm-dich-Pfad. Sportfans können hier unter freiem Himmel Muskeln und Kondition trainieren und finden 20 Stationen mit Fitnessgeräten und Übungsanleitungen. Erholungssuchende und Naturliebhaber kommen an den beiden großen Lichtungen nur etwa 500 Meter südlich vom Nordeingang auf ihre Kosten. Knorrige Apfelbäume, das Zirpen der Heuschrecken und viel Platz, was will man mehr? Highlight Nummer drei ist die Anhöhe *Perlacher Mugl*, der bei klarem Wetter dank seinen 26 Metern Höhe mit einer tollen Aussicht auf den Alpenhauptkamm überrascht. Und mit Geschichte, denn der heutige Hügel war im Zweiten Weltkrieg ein Bunker mit Flugabwehrgeschützen. 1970 wurde das Relikt zugeschüttet und so entstand der beliebte Aussichtsberg mit Gipfelpavillon.

Unbedingt die eigene Brotzeit und ausreichend Getränke nicht vergessen.

Mit der U1 zum Mangfallplatz fahren und dann die Oberbiberger Straße circa einen Kilometer bis zum südlichen Ende gehen.

41

Naturbad Maria Einsiedel
Zentralländstraße 28
81379 München
www.swm.de/baeder

Naturfreundehaus Bootshaus München
Zentralländstraße 16
81379 München
0176 24711475
www.naturfreunde.de

FREIBADVERGNÜGEN OHNE CHLOR

Naturbad Maria Einsiedel

Bei diesem Freibad fängt die Erholung bereits bei der Anreise an. Mit Sommerwind im Haar kann man aus der Innenstadt einfach direkt am Isarkanal entlangradeln (oder -spazieren) und wird früher oder später fast wie von selbst am Eingang des städtischen Naturbads Maria Einsiedel landen. Schon nach den ersten Metern, vorbei an dem kleinen Holzhäuschen mit Spinden, Umkleidekabinen und Duschen, wird die Atmung ruhiger und Schritt für Schritt lässt man den Alltag ein bisschen weiter hinter sich. Langsam dringt die freibadtypische Geräuschkulisse aus Kinderquietschen, lautem Platschen und fröhlichem Gemurmel ans Ohr. Während der Weg sich gemütlich am eingefassten Maria-Einsiedel-Bach schlängelt, ist es plötzlich da, dieses herrliche Gefühl von Sommer und mit ihm jede Menge schöne Kindheitserinnerungen. Plötzlich will man nur noch barfuß durchs Gras laufen, den Bauch in die warme Sonne strecken und Eis essen. Und natürlich ins kühle Nass abtauchen. Im Maria Einsiedel haben Sie die Qual der Wahl zwischen sportlichem Schwimmen im 50-Meter-Becken, gemütlichem Planschen oder sich Treibenlassen im eiskalten Wasser des Bachkanals. Der wird von der Isar gespeist und durchzieht das Freibad auf seiner gesamten Länge.

Eine weitere Besonderheit im Naturbad Maria Einsiedel ist die Wasseraufbereitung. Die erfolgt in allen Becken nicht durch Chemie, sondern rein ökologisch. Kiesfilter unter den Liegewiesen und ein bepflanzter Regenerationsteich reinigen das Wasser sowohl mechanisch als auch biologisch, und sorgen für eine gleichbleibend gute Wasserqualität. Ein nachhaltiges Konzept mit Vorbildcharakter, das die Stadt München 2008 vom Umbau und Fortbestand des Traditionsbades überzeugte.

In direkter Nachbarschaft zum Freibad liegt das idyllische Naturfreundehaus *Bootshaus*, ein Biergarten mit großer Freifläche und Spielplatz. Zudem findet hier regelmäßig ein Repair-Café statt.

Von der U-Bahnhaltestelle Thalkirchen (U3) sind es knapp zehn Minuten zu Fuß.

UM MÜNCHEN

Pilze sammeln im Ebersberger Forst

42

Garchinger Heide
Startpunkt Heidepfad:
Parkplatz Baggersee
am Hart
FS20
85386 Eching

**HeideHaus/
Umweltstation**
Heideflächenverein Münchener Norden e.V.
Admiralbogen 77
80939 München-Fröttmaning
089 46223273
www.heideflaechen
verein.de

WAS ZIRPT DENN DA?

Garchinger Heide

Es gab eine Zeit, als der gesamte Norden der Münchner Schotterebene mit Heidevegetation bedeckt war. Wer bei dieser Beschreibung sofort an eine leuchtend violette Heidekrautlandschaft denkt, der liegt allerdings falsch. Anders als in Norddeutschland werden die kalkhaltigen Böden Oberbayerns von der sogenannten Grasheide bestimmt, einer Mischung aus über 200 Pflanzenarten, Flechten und Moosen, die perfekt an Nährstoffmangel und Trockenheit angepasst sind. Von den einst weitläufigen Flächen sind nur noch kleine Inseln erhalten geblieben, umgeben von einem Meer aus Kulturlandschaft. Kleine Inseln mit einer enormen und überregionalen Bedeutung für die Artenvielfalt. Diese Naturschutzgebiete zwischen München und Freising bieten bis heute zahlreichen, vom Aussterben bedrohten Tier- und Pflanzenarten ein Zuhause, und sie eröffnen uns Menschen ein Naturerlebnis der besonderen Art.

Am besten erkunden Sie dieses sensible Ökosystem auf dem abwechslungsreich gestalteten *Heidepfad,* der an den ersten neun von insgesamt 20 Stationen das Gebiet zwischen Echinger Lohe und Garchinger Heide genauer beleuchtet. Los geht die etwa drei Kilometer lange Runde am Parkplatz des Baggersees am Hart. Informationstafeln verraten den neugierigen Besuchern Wissenswertes zur Entstehungsgeschichte dieser einzigartigen Landschaft mit ihrer Fauna und Flora. Wussten Sie zum Beispiel, dass sich unter den Heide- und Wiesenpflanzen auch Arten aus dem Schwarzmeergebiet finden lassen? Und dass es im Nordteil der Garchinger Heide geheimnisvolle Hügelgräber aus der Bronzezeit zu entdecken gibt? Oder Sie machen es wie ich und lauschen einfach den Gesängen der unzähligen Heuschrecken und träumen sich davon …

Zum Abschluss unbedingt ein erfrischendes Bad im Baggersee am Hart einplanen.

Mit der S1 geht es nach Eching und von Ost, nahe am S-Bahnhof, weiter mit dem Bus 650 zur Haltestelle Ohmstraße. Bis zum Parkplatz am Baggersee bleiben noch rund zwei Kilometer zu Fuß.

43

Hörger Biohotel Tafernwirtschaft
Hohenbercha 38
85402 Kranzberg
08166 990980
www.hoerger-biohotel.de

Kranzberger Weiher
Am Kranzberger See
85402 Kranzberg

Hörger Biohotel Tafernwirtschaft

Moderne Architektur mit klaren Linien und einer puristischen Formensprache sucht man in bayerischen Dörfern meist vergeblich. Auf dem Land dominiert bis heute der Charme von Bauernhöfen, Holzschindeln, üppigen Geranienbalkonen und Lüftlmalerei. Zum Glück, würden wahrscheinlich einige sagen, denn gehören nicht nach außen hin sichtbares Brauchtum und Bayern untrennbar zusammen? Das Hörger Biohotel und seine Tafernwirtschaft beweisen auf eindrucksvolle Weise das Gegenteil.

Im beschaulichen Hohenbercha verschmelzen 125-jährige Wirtshaustradition und Moderne zu einer harmonischen Einheit, die nicht nur in der Region ihres Gleichen sucht. Auf der einen Seite steht die beliebte und bio-zertifizierte Dorfwirtschaft mit ihrem rustikalen Flair und der typisch bayerischen Speisekarte. Hier kann man sich von der lokalen Küche verwöhnen lassen und in kulinarischen Genüssen schwelgen. Egal, ob Schweinsbraten oder eine der zahlreichen Köstlichkeiten ohne Fleisch, alle Zutaten sind sorgfältig ausgewählt, selbstgemacht und bio. Auf der anderen Seite überzeugt der hochmoderne Hotelanbau, der in seiner Form einer Scheune nachempfunden wurde, und der die einzelnen Elemente des Gebäudekomplexes wie Essen, Schlafen und Erholung perfekt in Verbindung bringt. Viel Glas, spannende Blickachsen und Lichteinfälle sowie ein Gebäudekörper ganz aus Zirbenholz laden zum Entspannen ein und erlauben eine freie Sicht auf die alten Apfelbäume und den herrlich angelegten Duft- und Naturgarten. Schöner kann sich mutige Architektur nicht in eine gewachsene Landschaft einfügen. Auch ökologisch haben die Architekten mit einer innovativen Wärme- und Energieversorgung Großes geleistet. Kein Wunder also, dass es 2011 dafür sogar den Europäischen Architekturpreis gab.

Machen Sie doch einen kleinen Ausflug zum malerischen Kranzberger Weiher. Der liegt nur knapp vier Kilometern entfernt.

Mit der S1 Richtung Freising fahren. Ab der Haltestelle Lohhof von Lohhof Süd den Bus 693 bis Hohenbercha nehmen. Ab da sind es noch knapp fünf Minuten zu Fuß.

44

Weltwald Freising
St2084
85354 Freising
0170 2289291 (Führungen)
www.weltwald.de

ZU FUSS UM DIE WELT

Weltwald

Es gibt Menschen, die sammeln Pokémon-Karten oder Briefmarken und wieder andere können auf dem Flohmarkt keiner Vase widerstehen. Botaniker brennen für Pflanzen und so ist es nicht weiter verwunderlich, dass der *Weltwald* im Kranzberger Forst nahe Freising ursprünglich ebenfalls aus einer Sammelleidenschaft entstand. Knapp 40 Jahre später ist aus dieser botanischen Faszination für Bäume aus allen Teilen der Erde eine spannende Erlebnisreise durch drei Kontinente gewachsen, die großen und kleinen Besuchern das gesamte Jahr über offensteht. Auf angelegten Themenpfaden geht es durch die Wälder von Nordamerika, Europa und Asien, und Sie können die Unterschiede einzelner Ökoregionen wie die der Rocky Mountains, der Pyrenäen oder Sibiriens hautnah auf sich wirken lassen.

Auf dieser besonderen Weltreise begleiten jede Menge Fakten unsere Schritte, die sich in Info-Pavillons, auf Schautafeln und hinter QR-Codes fürs Smartphone verstecken. Eine spezielle *Weltwald-App* steht für Android-Betriebssysteme zum Download bereit. Sie unterstützt die Navigation vor Ort und macht sogar die Suche einzelner Baumarten auf der 100 Hektar großen Fläche möglich. Spielerisch verbinden sich so Erholung und Lernen, und der abstrakte Begriff der Artenvielfalt wird mit Leben erfüllt. Doch nicht nur sachliche Information hat hier einen Platz, sondern auch kindliche Neugier und pure Abenteuerlust. Überall kann man klettern und spielen, Skulpturen aus Holz säumen die Wege und auf den verschlungenen Pfaden durchs Unterholz kommt man Tulpenbäumen, Gurken-Magnolien, Tränen-Kiefern aus dem Himalaya und dem schneeballblättrigen Ahorn ganz nah. Der *Weltwald* ist ein lebendes Museum aus über 300 Baum- und Straucharten zum Anfassen und gemeinsamen Wachsen.

Wer die Ruhe des Waldes ungestört genießen möchte, sollte am besten unter der Woche kommen.

Vom Bahnhof Freising den Bus 619 bis zur Haltestelle Ampertshausen nehmen. Von dort sind es etwa 200 Meter bis zum Info-Pavillon *Französischer Ahorn*.

45

Fräulein Lose
Johannisstraße 1
85354 Freising
08161 5473972
www.fraeuleinlose.de

KUCHENGENUSS UND ZERO WASTE

Unverpacktladen und Café *Fräulein Lose*

Die Münchner betrachten das Umland ja oftmals gern als reines Einzugsgebiet ihrer Metropole, dabei ist Freising alles andere als ein beliebiger Vorort. Die Bischofsstadt kann auf eine mehr als 1.300 Jahre alte Geschichte zurückblicken und Spuren einer ersten Besiedelung lassen sich bis in die Bronzezeit zurückverfolgen. Kein Wunder also, dass Freising mit seinem weithin sichtbaren Domberg und der ältesten noch bestehenden Brauerei der Welt eine Vielzahl an Ausflugszielen und spannenden Ecken bereithält.

Wer dennoch nur einen Tag hier verbringen möchte, dem sei auf der Runde von historischer Altstadt mit dem Dom St. Maria und St. Korbinian bis zum ehemaligen Benediktinerkloster und seinen Gärten auch das *Fräulein Lose* wärmstens ans Herz gelegt. Auf dem idyllischen Spazierweg den Weihenstephaner Berg hinauf lässt sich hier herrlich Rast machen und im siebten Kuchenhimmel schwelgen. Erdbeerkuchen, vegane Mandelstangen, Rhabarber-Tartelettes oder Schokocookies: Das Sortiment ist (auch für Veganer) groß und wechselt je nach Saison. Eines haben jedoch alle Schleckereien gemeinsam, sie wurden mit viel Liebe und Sorgfalt von der Chefin höchstpersönlich gebacken und machen einfach glücklich.

Doch die gelernte Konditoreimeisterin Lisa Kronpass kann noch mehr als Backen, denn sie hat mit ihrem *Fräulein Lose* einen Ort geschaffen, der alles bietet, was das Zero-Waste-Herz begehrt. Sie brauchen noch eine Wasserflasche für Ihre Tagestour oder ein paar gesunde Snacks? Kein Problem. In dem hübschen Unverpacktladen finden Sie alles, was Sie unterwegs und für einen plastikfreien Alltag benötigen. Vom regionalen Obst und Gemüse bis zu Röstzwiebeln an der Zapfstation. Apropos zapfen … vergessen Sie nicht, Ihre eigenen Gefäße zum Abfüllen und Wiegen mitzubringen.

Das *Fräulein Lose* hat Ruhetage. Aktuelle Informationen finden Sie auf der Webseite.

Mit der S1 zum Freisinger Bahnhof und von dort circa 700 Meter zu Fuß.

46

Kronthaler Weiher
An der Melkstatt
85435 Erding

Tourismusregion Erding e.V.
Landshuter Straße 12
85435 Erding
08122 558488
www.erding-tourist.de

Urlaubsgefühl pur

Kronthaler Weiher

München und sein Umland wurden reichlich mit natürlichen Seen und Badegewässern beschenkt. Da sind die berühmten, großen Stars wie der Starnberger See und der Ammersee, aber auch die weniger bekannten Lokalhelden, die in allen Himmelsrichtungen mit Badespaß, Grillwiesen und erholsamen Stunden am Wasser locken. Vom Kranzberger Weiher nahe Freising über den Feringa- oder Lerchenauer See bis hin zum Lußsee. Urbanes Flair oder idyllische Ruhe und Einsamkeit, ob Moosgrün oder Türkisblau – hier ist für alle etwas dabei. So viele wunderbare Orte der Naherholung und nahezu unzählige Gelegenheiten, um in den heißen Sommermonaten einen kühlen Kopf zu behalten.

Der Kronthaler Weiher, einen rund 20-minütigen Spaziergang von der S-Bahnstation Erding entfernt, zählt zu den oben genannten Lokalhelden und nur wenige andere Badeseen bieten eine derartige Vielfalt an Möglichkeiten. Da gibt es den FKK-Bereich, große Liegewiesen, eine Badeinsel und Strände mit feinem Sand und Kies für Sonnenhungrige und Erholungssuchende. Die Uferzonen der ehemaligen Kiesgrube gehen überwiegend flach ins Wasser über und sorgen besonders bei Familien für entspannte Stimmung. Apropos Kinder: Neben viel kühlem Nass bietet der Kronthaler Weiher eine coole Hängebrücke und zwei große Abenteuerspielplätze mit Holz-Spielgeräten für alle Altersstufen. Fehlt nur noch etwas für die Sportskanonen und Bewegungsfans, oder? Wie wäre es mit Beachvolleyball, Fußball oder Springen auf dem Trampolin? Oder wann waren Sie das letzte Mal Minigolf spielen? Abwechslung satt, ein hoher Freizeitwert und familienfreundliche Ausstattung machen den Kronthaler Weiher zum Lieblingsplatz mit echtem Urlaubsfeeling. Und das ganz ohne klimaschädliche Flugreise …

Im Winter können Sie hier wunderbar spazieren gehen oder bei entsprechender Witterung Eisstockschießen und Schlittschuhlaufen.

Mit der S2 nach Erding fahren. Von dort sind es 2,4 Kilometer zu Fuß oder in den Regionalbus 530 einsteigen.

47

Bauernhausmuseum
Taufkirchener Straße 24
85435 Erding
08122 581238
www.landkreis-erding.de

ZURÜCK IN DIE VERGANGENHEIT

Bauernhausmuseum

Ein Ausflug ins Bauernhausmuseum in Erding ist wie eine Reise in längst vergangene Zeiten. Spätestens beim Anblick der alten Gemäuer mit all ihren antiquarischen Gerätschaften und Maschinen wird einem richtig bewusst, wie sehr sich das Leben in den letzten beiden Jahrhunderten verändert hat. Wäsche waschen, kochen, Kühe melken, pflügen. Was uns heute ganz selbstverständlich von Maschinen abgenommen wird, das musste damals noch per Hand erledigt werden und statt Motoren lieferten Zugtiere die nötigen PS. Früher war alles besser? Weniger zeitaufwendig und körperlich anstrengend war es sicherlich nicht. Im Gegenteil, gerade auf dem Land war das Leben hart und beschwerlich. Dennoch erhält man in diesem Freilichtmuseum auch wieder einen Blick dafür, was wirklich wichtig ist und dass der unbändige Überfluss an Konsumgütern, der unsere Zeit prägt, nicht unbedingt glücklich(er) macht.

Das Herzstück des rund zwei Hektar großen Geländes ist eine für damalige Zeiten typische kleinbäuerliche Hofanlage. Was hier so natürlich gewachsen wirkt, wurde eigens für das Bauernhausmuseum aus umliegenden Dörfern zusammengetragen und an diesem Ort wiederaufgebaut. Die Kombination aus Wohnhaus und Stall, der sogenannte Getreidekasten, der Stadel, das Backhaus, ja sogar der Bauerngarten mit seiner bunten Blütenpracht und den Nutzpflanzen sind originalgetreu erhalten geblieben. Zusätzlich gibt es mit der Schmiede und der Torfhütte noch mehr altes Handwerk zu bestaunen.

Übrigens hat sich das Museum für Kinder im Grundschulalter etwas ganz Besonderes einfallen lassen: Es gibt eine spannende Museumsrallye mit Quizfragen und jeder Menge Wissenswertem sowie eine digitale Schnitzeljagd. Alle wichtigen Infos zu diesen kostenlosen Angeboten und der App zum Download gibt es an der Kasse.

Jede Woche findet auf dem Gelände ein beliebter Bauernmarkt mit Produkten aus der Region statt.

Mit der S2 kommen Sie bis nach Erding. Anschließend entweder 15 Minuten zu Fuß gehen oder mit den Stadtbuslinien 530/540 bis zur Haltestelle Freilichtmuseum fahren.

48

Wolfmühle
Wolfmühle 1
85661 Forstinning
08121 3334
www.wolfmuehle.de

BIO-MEHL UND MEHR …

Mühle, Café und Hofladen *Wolfmühle*

Ich liebe Orte mit Geschichte, die auch heute noch Tradition leben und Altbewährtes erhalten. Und noch mehr liebe ich Orte, die all das mit ökologischem Bewusstsein und Liebe zu Natur und Schöpfung verbinden. Genau deshalb führt unsere Entdeckungsreise uns nun zur *Wolfmühle* im schönen Forstinning. Fast 400 Jahre hat die *Mühle im Moos,* wie sie ursprünglich genannt wurde, schon auf dem Buckel, und sie ist eine von nur mehr 200 verbliebenen Getreidemühlen in ganz Deutschland. Zwar wird der Mahlstein heute nicht mehr durch ein großes Mühlrad angetrieben, sondern über eine moderne Wasserkraftturbine, aber ein bisschen scheint es, als wäre die Zeit stehen geblieben. Wiesen und Felder, wohin das Auge schaut, das leise Plätschern der Sempt, fröhliches Gänseschnattern und ein Müllermeister in vierter Generation, der mit Sorgfalt und viel Leidenschaft tagtäglich seinem Handwerk nachgeht. Und mit Verantwortungsbewusstsein für die kommenden Generationen, denn Andreas Löffl vermahlt in seiner *Wolfmühle* ausschließlich ökologisch angebaute Getreidesorten von *TAGWERK*-Bauern aus der Umgebung. Das Ergebnis ist erstklassig und kann sich sehen lassen. Zu kaufen gibt es die Bio-Mehle in *VollCorner*-Filialen, im Onlineshop der Mühle oder im Bio-Hofladen vor Ort (Donnerstag bis Samstag).

Einzigartig ist auch die Bio-Gastronomie der *Wolfmühle.* Hier liegt der Fokus auf besonderen Familienfesten wie Hochzeiten mit freier Trauung und jeden Donnerstag öffnet das idyllische Gartencafé seine Tore für Gäste. Mit dem sanften Rauschen des Baches im Ohr können Sie es sich bei einem Frühstück oder hausgemachten Kuchenspezialitäten richtig gut gehen lassen. Selbstverständlich alles in Bio-Qualität. Im Winter sitzt man kuschelig warm im urtümlichen Gewölbe des ehemaligen Kuhstalls.

Die *Wolfmühle* ist ein wunderbarer Ausgangspunkt für Wanderungen und Spaziergänge in die Region.

Mit der S2 nach Markt Schwaben fahren und dann mit dem Regionalbus 469 bis Wolfmühle.

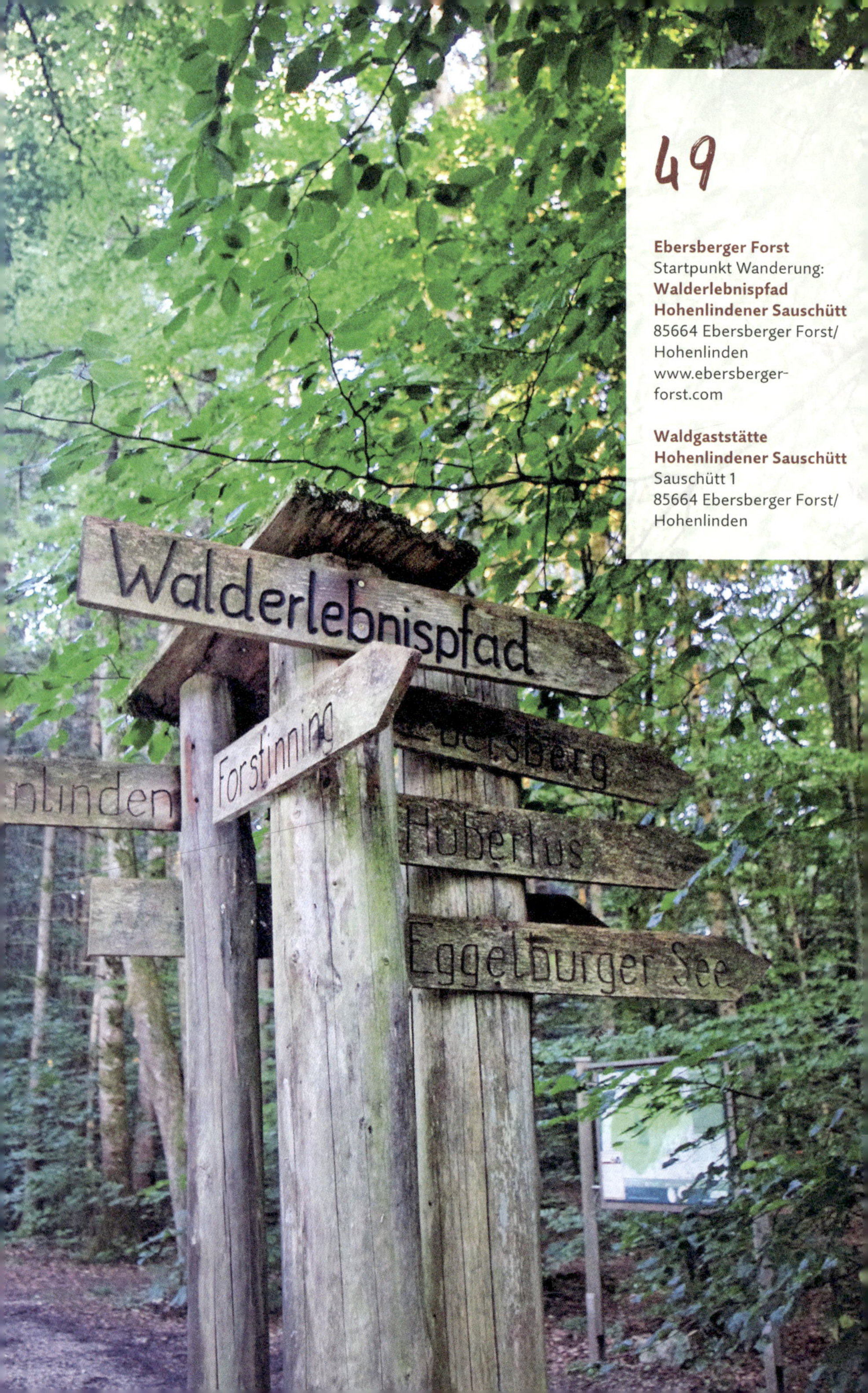

49

Ebersberger Forst
Startpunkt Wanderung:
Walderlebnispfad Hohenlindener Sauschütt
85664 Ebersberger Forst/
Hohenlinden
www.ebersberger-forst.com

Waldgaststätte Hohenlindener Sauschütt
Sauschütt 1
85664 Ebersberger Forst/
Hohenlinden

GRUNZEN UND GRUSELN IM GRÜNEN

Ebersberger Forst mit Walderlebnispfad

Hohenlindener Sauschütt

Um den Ebersberger Forst im Osten von München ranken sich zahlreiche Geschichten. Da wäre eine Raupenplage von nahezu biblischem Ausmaß, die im Jahr 1890 um ein Haar die Hälfte des Waldes kahlgefressen hätte und die Bäume damals einhüllte wie ein flatterndes Schneegestöber. Oder die kuriosen Schlagzeilen vom »Panama mitten in Bayern«, als ein altes Forsthaus und dessen Adresse »St. Hubertus 2« zur beliebten Steueroase für zahlreiche Briefkastenfirmen avancierte. Eine sprudelnde Geldquelle zwischen Fichten, grünem Moos und Eichenbäumen. Und kennen Sie schon die urbane Legende von der weißen Frau? Seit eine junge Frau bei einem Unfall mit Fahrerflucht ums Leben kam, erzählt man sich von Geistern und seltsamen Lichtern und frönt der Lust am gemeinsamen Gruseln.

All das macht den Ebersberger Forst wohl zu einem spannenden Ort mit vielen Geheimnissen, aber zu einem echten grünen Lieblingsplatz machen ihn frische Luft und Natur pur. Und das in großer Dimension. Mit einer Fläche von etwa 90 Quadratkilometern ist der Forst eines der größten zusammenhängenden Waldgebiete in Deutschland ohne menschliche Siedlung. Eine wahre Ruheoase für uns Menschen und wertvoller Rückzugsort für seltene Tierarten wie Bechsteinfledermaus, Gelbbauchunke oder Dukatenfalter. Sie sind neugierig geworden? Dann sollten Sie unbedingt dem Walderlebnispfad nahe Hohenlinden einen Besuch abstatten. Der insgesamt 3,2 Kilometer lange und behindertengerechte Lehrpfad ist mit seinen Infotafeln, liebevoll gestalteten Naturerlebnissen und Spielstationen der ideale Einstieg ins Ökosystem Wald. An den drei Schaugattern kommen Sie Wildschweinen, Rot- und Damwild oftmals hautnah. Bei jedem Wetter und zu jeder Jahreszeit eine grüne Abwechslung im grauen Alltag.

Direkt neben der Waldgaststätte *Hohenlindener Sauschütt* wartet ein toller Waldspielplatz.

Mit der S4 oder S6 nach Ebersberg fahren und dann mit dem Regionalbus (445/446) zur Haltestelle Ebersberger Forst, Sauschütt Ost. Nach zehn Minuten zu Fuß erreichen Sie den Walderlebnispfad.

50

Museum Wald und Umwelt
Ludwigshöhe 2
85560 Ebersberg
08092 825552
www.museumwald undumwelt.de

Ebersberger Alm
Ludwigshöhe 3
85560 Ebersberg
08092 2911
www.ebersberger-alm.de

WALDZAUBER UND WALDNUTZUNG

Museum *Wald und Umwelt*

Und weil es so schön ist, bleiben wir gleich im, beziehungsweise am, Ebersberger Forst. Diesmal geht es in den südlichen Teil und zwar auf die Ludwigshöhe in Ebersberg. Dort bietet ein Aussichtsturm mit 35 Metern Höhe einen herrlichen Blick über den Forst und bis in die Alpen. Nur rund 200 Meter Luftlinie entfernt steht das Museum *Wald und Umwelt* und entführt seine Besucher in die Geschichte von Mensch und Wald. Mal mystisch und märchenhaft, mal nüchtern und anthropozentrisch.

Unser Verhältnis zum Wald reicht von inniger Liebe bis zur Ausbeutung als reine Ressourcenquelle, und auch der Ebersberger Forst ist Teil dieser manchmal unrühmlichen gemeinsamen Geschichte. So gehörte der Forst einst zu einem gewaltigen Urwaldgürtel zwischen Inn und Isar, bevor ihm später eine »Karriere« als herzoglich-königliches Jagdgebiet und Nutzwald mit Fichtenplantagen zur Holzgewinnung blühte. Wir schöpfen seit jeher aus der Fülle der Natur, prägen Ökosysteme nach unseren Vorstellungen und verändern dabei bewusst oder unbewusst deren sensible Artenzusammensetzung mit oftmals weitreichenden Folgen.

Umso schöner ist es, dass die Stadt Ebersberg der jahrhundertelangen Nutzung und dem Wandel des Waldes ein ganzes Museum gewidmet hat, das von einer angeschlossenen Umweltbildungsstation perfekt ergänzt wird. In Ausstellungen, bei vielfältigen Veranstaltungen und auf den acht Stationen eines Naturlehrpfads gibt es Historie, interaktive Waldbegegnungen und Einblicke in eine mögliche ökologische Zukunft unserer Wälder. Ein faszinierendes Erlebnis für Groß und Klein, das Theorie und Hintergrundwissen mit Sinneserfahrung verknüpft und so den Horizont erweitert.

Mit herrlichem Blick aufs Alpenpanorama sorgt die benachbarte Ebersberger Alm fürs leibliche Wohl, während sich die Kinder auf dem Spielplatz austoben können.

Ab dem S-Bahnhof Ebersberg (S4/S6) weiter mit dem Regionalbus (445/446/449) zur Haltestelle Klostersee.

51

amabile concept store
Zugspitzstraße 4a
85591 Vaterstetten
08106 2100828
www.amabile-
conceptstore.de

FAIRE MODE UND STIL

amabile concept store

Wer denkt, Fair Fashion und Green Lifestyle wären nur in den Großstädten zu Hause, der irrt sich gewaltig. Die Zeiten ändern sich. Und so liegt der *amabile concept store* nicht etwa im hippen Glockenbachviertel in München, sondern ganze 25 Minuten mit der Straßenbahn vom Stadtzentrum entfernt, in der Gemeinde Vaterstetten. Hier, vor den Toren der Stadt, hat Martina Guarriello-Hasenöhrl mit viel Fingerspitzengefühl und Stilsicherheit einen echten Wohlfühlort geschaffen: Ein Lieblingsplatz für alle Fans von nachhaltiger Mode, Einrichtung und mehr.

Dabei verheißt bereits die große und liebevoll dekorierte Ladenfront Shoppingspaß pur und zaubert ein erwartungsvolles Lächeln ins Gesicht. Der *amabile concept store* ist auf den ersten Blick wohltuend anders und zieht einen wie ein Magnet ins Ladeninnere. Drinnen wird man nicht enttäuscht. Ein offener Verkaufsraum, helles Interieur aus Naturmaterialien und viel Licht sorgen für eine gemütliche Atmosphäre nach skandinavischem Vorbild. Alles wirkt sehr wertig und am liebsten möchte man sofort losstöbern, um Neues an- und auszuprobieren. Und davon gibt es im Laden jede Menge zu entdecken. Martina verkauft nur sorgsam ausgewählte Lieblingsstücke, Qualität und Handwerk mit einem besonderen Fokus auf nachhaltige und faire Produktion. Das Sortiment bietet beinahe alles: von der ausgefallenen Geschenkidee über das hochwertige Businessoutfit fürs nächste Firmenevent bis zu Schokoladengenüssen oder Gin-Spezialitäten. Wer will bei dieser Auswahl noch Klamotten und Co. im Netz bestellen? Und ein weiterer Pluspunkt sorgt dafür, dass Einkaufen im *amabile concept store* viel schöner ist als schnödes Onlineshopping: Die persönliche und individuelle Beratung.

Die Ladenbesitzerin veranstaltet tolle Events im Laden. Vom Late-Night-Shopping bis zur Modenschau.

Direkt am S-Bahnhof Vaterstetten (S4/S6). 

52

Umweltgarten Neubiberg
Äußere Hauptstraße 10
85579 Neubiberg
089 6001216
www.neubiberg.de/
umweltgarten

ÖKOLOGISCHE BILDUNG ZUM ANFASSEN

Umweltgarten Neubiberg

Der Umweltgarten der Gemeinde Neubiberg südöstlich von München entstand zu einer Zeit, als saurer Regen und das Waldsterben die Gemüter erhitzten und als die Umweltschutzbewegung in Deutschland langsam politisch wurde. Vor diesem Hintergrund beschloss der damalige Gemeinderat 1984 ein bis dahin bayernweit einzigartiges Modellprojekt für ökologische Bildung mitten im Herzen von Neubiberg. Der Rest ist Geschichte. Zusammen mit örtlichen Vereinen, Fachleuten und engagierten Bürgern wurde in nur vier Jahren ein Paradies für Artenvielfalt geschaffen, eine Heimat für zahlreiche Haus- und Nutztierrassen und ein kostenloses Ausflugsziel für Jung und Alt.

Auf barrierefreien Wegen geht es durch eine Art Schaubauernhof, in dem die kleinen und großen Besucher auf ihrem Spaziergang artgerechte Tierhaltung live erleben. Aber nicht nur das. Bei zahlreichen Veranstaltungen im Kalenderjahr steht die achtsame Nutzung von unseren Mitgeschöpfen im Mittelpunkt. Alljährlich im April findet zum Beispiel eine öffentliche Schafschur statt und im Juni dreht sich alles um das große Bienenhaus und die Gewinnung von Honig.

Sie merken, der Kerngedanke im Umweltgarten ist stets die Frage, wie sich ein respektvolles Zusammenleben von Mensch und Tier erreichen lässt. Und das wird auch in den über 20 naturnah gestalteten Lebensräumen des 3,4 Hektar großen Areals deutlich. Ob Reisighecke, Steingarten oder Trockenmauer – wenn sie überlegt angegangen werden, können menschliche Eingriffe in die Natur die Artenvielfalt manchmal sogar positiv beeinflussen. Zum Vorteil aller Parteien. Am Ende des Ausfluges lässt es sich mit Blick auf den großen Teich wunderbar entspannen. Besonders praktisch für Eltern und Kinder ist der kleine Spielplatz in Sichtweite.

Jeden Donnerstag findet auf dem kleinen Marktplatz am Eingang ein wöchentlicher Biomarkt mit frischem Obst und Gemüse, Backwaren, Wurst, Käse, Marmelade und Honig statt.

Nur wenige Gehminuten von der S-Bahnhaltestelle Neubiberg (S7). 

58

Herrmannsdorfer Landwerkstätten
Herrmannsdorf 7
85625 Glonn
08093 90940
www.herrmannsdorfer.de

Glückliche Schweine

Herrmannsdorfer Landwerkstätten

Über die Frage, ob wir Menschen Tiere überhaupt essen sollten, lässt sich wohl diskutieren und trefflich streiten. Dass ein überwiegender Teil der Deutschen die Massentierhaltung jedoch strikt ablehnt, ist bereits seit vielen Jahren unstrittig und durch regelmäßige Umfragen gut dokumentiert. Wir wünschen uns mehr Tierwohl und artgerechte Haltungsformen. Wie eine alternative Landwirtschaft in der Praxis aussehen kann, können Sie in den Herrmannsdorfer Landwerkstätten bei Glonn hautnah erleben. Der ehemalige Gutshof Herrmannsdorf liegt eingebettet in die sanft hügelige Kulturlandschaft der bayerischen Voralpen und bietet durch sein Netzwerk von über 100 ökologisch wirtschaftenden Partnern aus der Region alles unter einem Dach: vom Acker und Stall bis auf den Teller. Es empfiehlt sich, den Besuch in Glonn mit einem Spaziergang auf dem rund zwei Kilometer langen *Tierweg* zu beginnen und Schweine, Hühner, Rinder und Schafe auf Weiden und in ihren Stallungen zu beobachten. Danach geht es in den hofeigenen Biomarkt und schließlich können Sie den Tag im gemütlichen *Wirtshaus zum Schweinbräu* mit Bio-Gerichten ausklingen lassen.

Ein Erlebnis für die ganze Familie sind auch die Veranstaltungen auf dem malerischen Gelände. Jahreszeitliche Märkte, Hofführungen, das bei Kindern beliebte Eierpflücken im Stall und Einblicke in die traditionellen Handwerksbetriebe wie Bäckerei, Metzgerei, Rohmilch-Käserei, Brauerei oder Brennerei. Verantwortlich für dieses spannende Pilotprojekt zur ökologischen Landwirtschaft ist übrigens Karl Ludwig Schweisfurth, einst Europas größter Fleischfabrikant. Hier in Glonn erfand sich der ehemalige Chef von *Herta* neu und wurde zum wichtigen Impulsgeber für eine ganzheitliche und ökologische Regionalentwicklung.

Entdecken Sie den *Kunstweg* der *Landwerkstätten* mit seiner »Landart« und der eindrucksvollen Landschaft mit Alpenpanorama.

Wochentags geht es mit der S4 bis Grafing Bahnhof, dann weiter mit dem Regionalbus 440 bis Westerndorf und 15 Minuten zu Fuß. Am Wochenende fährt Sie die S6 nach Höhenkirchen-Siegertsbrunn, nach Westerndorf kommen Sie anschließend mit dem Bus 414.

54

BergTierPark Blindham
Blindham 3
85653 Aying
08063 207638
www.bergtierpark.de

SPIEL, SPASS UND TIERE

BergTierPark Blindham

Familien mit Kindern brauchen nicht viel für einen perfekten Tag: Platz zum Toben, Zeit und gutes Essen. Und wenn unruhige und durchwachte Nächte hinter einem liegen, darf für die Großen natürlich ein (starker) Kaffee nicht fehlen. Im *BergTierPark Blindham* gibt es all das und mehr.

Wie der Name schon sagt, sind hier nämlich zusätzlich zu den Basics für glückliche Kinder und Eltern zahlreiche Tierarten in einer herrlichen Voralpenlandkulisse zu bestaunen. Dabei hat sich der Landwirt Josef Sedlmair bei der Planung von seinem Lebenstraum vier Leitsätze auf die Fahnen geschrieben: Großflächige und artgerechte Haltung, ausschließlich heimische Fauna statt exotischer Tiere aus aller Welt, Begegnungen mit heute selten gewordenen Nutz- und Haustieren sowie Umweltbildung sollten auf dem Gelände des ehemaligen Bauernhofs Hand in Hand gehen. Und so können die kleinen und großen Besucher auf einem rund zwei Kilometer langen Rundweg nicht nur Tiere in naturnaher Umgebung beobachten und ihnen im Streichelzoo und beim Ponyreiten ganz nah kommen, sondern auch Wissenswertes über deren Lebensweise und unser Ökosystem erfahren.

Fehlt nur noch der Platz zum Toben, oder? Der ist auf den 25 Hektar Fläche reichlich vorhanden. Auf dem beschaulichen Gelände ist für Kinder allerlei Action geboten. Und neben dem großen Abenteuerspielplatz, der mit Bungee-Trampolin und Kletterkugel keine Wünsche offenlässt, macht das witterungsgeschützte Spielstadl den *BergTierPark* auch bei schlechtem Wetter zum perfekten Ausflugsziel. Im Winter warme Socken nicht vergessen.

Am Naturerlebnispfad im Wald gibt es Picknickplätze mit Grillstellen. Die Benutzung ist kostenlos, auch Roste sind vorhanden. Denken Sie neben den Speisen zudem an nachhaltige Grillkohle und Anzünder.

Entweder von der S-Bahnhaltestelle Großhelfendorf (S7) circa 3,5 Kilometer zu Fuß gehen oder ab Aying (S7) mit dem Regionalbus 9582 in Richtung Bad Aibling direkt zur Haltestelle Blindham fahren.

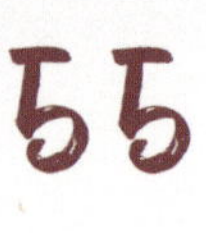

ArcheHof Schlickenrieder
Markweg 50
83624 Otterfing
08024 92525
www.archehof-schlickenrieder.de

KUCHEN MIT BERGPANORAMA

ArcheHof Schlickenrieder

Sie suchen nach dem perfekten Ort für eine kleine Auszeit am Wochenende? Dann sind Sie auf dem *ArcheHof* der Schlickenrieders genau richtig, denn hier werden die Tore zwischen Ostern und dem ersten Advent jeden Sonntag für das Hofcafé geöffnet. Herzhafte Spezialitäten in Bio-Qualität, eine große Auswahl an leckerem Bio-Kuchen und -Gebäck, duftender Kaffee, viel Platz zum Spielen und jede Menge Tiere zum Streicheln und Knuddeln. Nicht zu vergessen der freie Blick auf das grandiose Panorama der Bayerischen Alpen. Was will man mehr? Der *ArcheHof* mit seiner Bewirtschaftung nach *Naturland*-Verbandsrichtlinien ist ein wahres Kleinod und durch seine Nähe zu München wie gemacht für einen erholsamen Halbtagsausflug ins Grüne. Doch neben guter Luft und kulinarischen Köstlichkeiten hat der *ArcheHof* noch einiges mehr zu bieten.

Wussten Sie zum Beispiel, dass in Deutschland über 100 Rassen auf der Roten Liste der gefährdeten Nutztierrassen stehen? Die Arche-Höfe helfen, dieses Artensterben im Verborgenen zu beenden und leisten mit ihren Zuchtprogrammen für alte und gefährdete Haustierrassen einen wichtigen Beitrag zur Erhaltung der ökologischen Vielfalt. Der Hof des Ehepaars Schlickenrieder darf sich bereits seit 1998 mit dem geschützten Titel *ArcheHof* schmücken und ist unter anderem das Zuhause von Murnau-Werdenfelser Rindern, Bunten Bentheimer Schweinen sowie schwarzen und braunen Bergschafen. Wer es noch genauer wissen möchte, dem seien die regelmäßig stattfindenden Hofführungen wärmstens ans Herz gelegt. Als »ökologischer Demonstrationsbetrieb« und »Lernort Bauernhof« bietet der *ArcheHof* Einblicke hinter die Kulissen für interessierte Erwachsene, Schulklassen und Kindergartengruppen.

Für alle Fleischesser ist der Hofverkauf der Schlickenrieders ein heißer Tipp, denn hier werden Bio-Fleisch und -Wurst von Lamm, Rind und Schwein angeboten. Einfach über die Webseite in den Emailverteiler eintragen und Sie bekommen alle wichtigen Infos per Mail.

Circa 800 Meter vom S-Bahnhof Otterfing (S3) entfernt. 

56

Geo-Lehrpfad
Startpunkt Nordroute:
Bahnhof Holzkirchen
Bahnhofsplatz 1
83607 Holzkirchen

Startpunkt Südroute:
Herdergarten
83607 Holzkirchen
www.geo-lehrpfad-holzkirchen.de

DER EISZEIT AUF DER SPUR

Geo-Lehrpfad

Geologie ist langweilig und staubtrocken. Tatsächlich? Der neu angelegte Geo-Lehrpfad in und um Holzkirchen überzeugt selbst Skeptiker auf eindrucksvolle Weise vom Gegenteil. Greifbare Erdgeschichte und faszinierende Naturphänomene gespickt mit spannenden Hintergrundinformationen und aktuellen Themen. Genau so wird Wissenschaft erlebbar, denn sie ist viel mehr als bloße Theorie aus dem Elfenbeinturm. Im Idealfall helfen uns die Erkenntnisse der Forschung dabei, Zusammenhänge besser zu verstehen und sogar die Herausforderungen von Gegenwart und Zukunft zu meistern.

Deutlich wird das auf dem Geo-Lehrpfad zum Beispiel am Infostop *Geothermie*, einer von insgesamt 24 Stationen mit dazugehöriger Infotafel und QR-Code. Wussten Sie, dass die Grundlage dieser nachhaltigen Form der Stromerzeugung sogenannte Malmkalke sind, die sich vor unglaublichen 145 Millionen Jahren am Ende der Jurazeit abgelagert haben? Heute ermöglicht das heiße Thermalwasser aus den Hohlräumen dieser Gesteinsschicht die Energiewende im Raum Holzkirchen und ist ein wichtiger Baustein im Kampf gegen den Klimawandel.

Der gesamte Pfad ist in zwei Rundwege gegliedert, eine Nordroute mit Start direkt am Bahnhof Holzkirchen und eine Südroute, die am Herdergarten beginnt. Auf 16 und 19 Kilometern Länge tauchen Sie Station für Station ein klein wenig tiefer in die Erdgeschichte ein. Sie entdecken die Spuren der jüngsten Eiszeit, ihrer Gletscher und Schmelzwässer, lernen Neues über Landwirtschaft oder Trinkwassergewinnung und entlocken so der wunderschönen Landschaft ihre Geheimnisse. Zumindest einen kleinen Teil davon, denn Steine haben eine ganze Menge zu erzählen.

Der Pfad ist nicht nur zu Fuß, sondern auch als kleine Tagestour mit dem Fahrrad wärmstens zu empfehlen. Wer noch mehr erfahren möchte, der findet aktuelle Führungen und andere Bildungsangebote auf der Webseite des Geo-Lehrpfads Holzkirchen.

Mit der S3 zum Bahnhof Holzkirchen fahren.

57

Naturbad Furth
Badstraße 5
82041 Oberhaching
089 24413520
www.furtherbad.de

SOMMER, SONNE UND EIN NATURBAD

Naturbad Furth

Es soll ja Menschen geben, die finden das Schwimmen in Seen irgendwie gruselig. Schließlich kann man nie so richtig wissen, was alles unter einem unterwegs ist. In den quellengespeisten Naturpools von Furth verfliegen diese Urängste im Nu und an ihre Stelle tritt ein breites und zufriedenes Grinsen. Kein Wunder, denn hier gibt es das Beste aus allen Welten. Schwimmbadfans können wie gewohnt ihre Bahnen im 50-Meter-Becken ziehen und Naturliebhaber erfreuen sich an Schilf, blühenden Seerosen und schillernden Libellen. Vielleicht fragen Sie sich jetzt, wie das miteinander vereinbar ist. Die Antwort liegt in der ökologischen Aufbereitung des Wassers. Genau wie im Naturbad Maria Einsiedel in München kommt auch in Furth kein stinkendes Chlor zum Einsatz. Statt Chemie halten Mikroorganismen und Vegetation das Wasser sauber und sorgen für Sommerspaß pur. Den Rest erledigen die alten Bäume, idyllische Liegewiesen, das Beachvolleyballfeld, Steckerleis und Schwimmbad-Pommes und machen einen Ausflug ins Naturbad Furth zum perfekten Badetag für die ganze Familie. Dafür lohnt es sich auf jeden Fall, einmal die Dunstkreise von München zu verlassen.

Das Angebot speziell für Kinder kann sich ebenfalls sehen lassen. Ein Springerbecken mit Sprungfelsen, eine Wasserrutsche und ein zauberhafter Spielbach mit Sandkasten sind wie eine herzliche Einladung zum sich Ausprobieren und Spaß haben. Letzterer zieht vor allem die kleinsten Badegäste in seinen Bann. Denn was gibt es in diesem Alter wohl Schöneres, als Matschen und Staudämme bauen? Eben! Übrigens ist dieses besondere Freibad dem ehrenamtlichen Engagement des Vereins *Freunde Further Bad e.V.* und seinen Mitgliedern zu verdanken. Sie betreiben das Bürgerbad seit 2009 mit viel Herzblut und Leidenschaft.

Das Naturbad hat freibadtypische Öffnungszeiten und ist nur im Sommer zugänglich.

Los geht es mit der S3 Richtung Holzkirchen. Vom Bahnhof Furth ist es noch rund ein Kilometer Fußweg.

58

Die Großhesseloher Brücke führt über die Isar
81545 München

Konsum Kiosk
An der Isar
82049 Pullach im Isartal

FLUSSABENTEUER UND SONNENBADEN

Großhesseloher Brücke und Isar

Die Isar hat ihren Ursprung im Karwendelgebirge der Alpen und fließt auf ihrem Weg in Richtung Donau durch die Stadt München und ihr Umland. Von Bad Tölz im Süden bis Freising im Norden ist dieser bewegte Fluss eine unverzichtbare Lebensader für gestresste Städter, mit kristallklarem Wasser, breiten Kiesbänken und urwüchsigen Auwäldern. Das einzigartige Ökosystem ist ein Zuhause für Biber und Eisvögel und dank zahlreicher Renaturierungsmaßnahmen schwimmen im Frühjahr gigantische Huchen, auch Donaulachs genannt, wieder unter der Großhesseloher Brücke hindurch zu ihren Laichplätzen mitten im Stadtgebiet. Was für ein großes Glück, dass wir Menschen hier Gast sein dürfen, oder? Zu jeder Jahreszeit und bei jedem Wetter verspricht das Plätschern des Wassers Erholung und Urlaubsgefühl. Und egal, ob beim Winterspaziergang, Sonnenbaden oder sich Treibenlassen in der kühlen Strömung, die Isar ist als Naherholungsgebiet immer einen Besuch wert.

Fernab vom Partyvolk der Reichenbachbrücke und den Grillwütigen am Flaucher liegt die Großhesseloher Brücke, die im Süden von München den Stadtteil Harlaching mit der Gemeinde Pullach im Isartal verbindet. Von dieser rund 30 Meter hohen und zweistöckigen Eisenbahn- und Fußgängerbrücke haben Sie einen herrlichen Ausblick auf den Fluss und können von dort aus entspannt in Ihr nächstes Abenteuer starten. Nach Süden in Richtung Höllriegelskreuth erwarten Sie Ruhe und Natur. Nach Norden geht es Schritt für Schritt hinein ins Stadtgewimmel. So oder so, für eine gute Grundlage oder den krönenden Abschluss Ihres Tags sorgt der beliebte *Konsum Kiosk* mit seinem Biergartenflair und reichhaltigen Angebot. Vom warmen Glühwein über Pizza, Kuchen und Gebäck bis zum erfrischenden Bierchen bleibt am Fuße der Großhesseloher Brücke kein Wunsch offen.

Unbedingt am *Konsum Kiosk* probieren: Das leckere Bio-Fruchteis am essbaren Nudelstiel für weniger Müll an den Ufern der Isar.

Am Max-Weber-Platz, Rosenheimerplatz oder an der Silberhornstraße in die Tram 25 steigen. Bis zur Haltestelle Großhesseloher Brücke fahren und dann rund einen Kilometer zu Fuß zur Brücke gehen.

59

Alter Wirt
Marktplatz 1
82031 Grünwald
089 6419340
www.alterwirt.de

ALLES BIO!

Bio-Restaurant und Biohotel *Alter Wirt*

Zugegeben, so richtig zentral liegt der *Alte Wirt* nicht. Trotzdem lohnt es sich, einen kleinen Abstecher in die Gemeinde südlich von München zu machen, denn dieses besondere Wirtshaus mit angeschlossenem Hotel ist mit seiner über 100-jährigen Geschichte ein absolutes Highlight in der Region. Anders als der Name es vielleicht vermuten lässt, weht einem in diesen traditionsreichen Gemäuern ein frischer Wind entgegen und alte Zöpfe sucht man hier vergeblich. Schon als Ulrich Portenlänger den elterlichen Familienbetrieb 1998 übernahm, hatte er eine Vision und begann Schritt für Schritt mit der Umstellung auf bio. Konsequent und aus Überzeugung. Was damals noch Kopfschütteln von vielen Weggefährten auslöste, übt heute eine geradezu magnetische Anziehungskraft auf viele Gäste aus. Man ist begeistert von der bio-zertifizierten Gastronomie, die im Rhythmus der Jahreszeiten regionale und zeitgemäß-bayerische Küche auf den Tisch bringt. Im Schatten alter Kastanienbäume oder im gemütlichen Gastraum lässt es sich herrlich genießen und plaudern.

Mindestens genauso gemütlich sind die 50 Zimmer des feinen Biohotels. Von den Lehmwänden über das Mobiliar aus heimischen Hölzern bis hin zur Raumdecke wurde alles baubiologisch renoviert und bio-zertifiziert. Eine natürliche Atmosphäre entspannt nun den Geist. Der *Alte Wirt* zeigt eindrucksvoll, wie gut ein ökologischer und generationengerechter Wandel gelingen und wie aus einer Idee die Zukunft wachsen kann. Apropos Zukunft: Wir dürfen uns auf noch mehr frischen Wind und spannende Visionen freuen, denn mittlerweile hat der alte Wirt vom *Alten Wirt* wiederum das Zepter an seinen Sohn weitergegeben.

Unter einem Dach mit dem *Alten Wirt* befindet sich die *Lokalbäckerei Brotzeit*, eine handwerkliche Bio-Bäckerei mit herrlichen Brotspezialitäten, französischen Tartes und Süßbackwaren.

Mit der U1 zum Wettersteinplatz oder mit der U2/U7 zur Silberhornstraße. Von dort geht es jeweils mit der Trambahn 25 zum Derbolfinger Platz nach Grünwald. Jetzt noch fünf Minuten zu Fuß und Sie haben es geschafft.

60

Walderlebniszentrum Grünwald
Sauschütt
82031 Grünwald
089 6492099
www.aelf-ee.bayern.de

DER DUFT DES WALDES

Walderlebniszentrum Grünwald

Wer hätte noch vor einigen Jahren gedacht, dass die Menschen in ihrer Freizeit zum Waldbaden gehen und dass Bücher über die Sprache der Bäume die Bestsellerlisten stürmen würden. Kein Wunder also, dass sich auch Natur- und Walderlebnispfade immer größerer Beliebtheit erfreuen. Einer dieser Themenwege mit Umweltbildungsanspruch befindet sich rund um das Walderlebniszentrum Grünwald im Grünwalder Forst, der im Süden den Perlacher Forst ablöst.

Nur einen Katzensprung von der quirligen Großstadt entfernt, verspricht ein unscheinbares Schild an der Landstraße Natur und Erholung mit Erlebnischarakter. Hier gibt es, ähnlich wie im Ebersberger Forst, ein großes Wildschweingehege und kindgerecht gestaltete Stationen, bei denen die Besucher auf Infotafeln und in spielerischen Aufgabenstellungen allerlei Wissenswertes über das Ökosystem Wald erfahren können. Insgesamt ist der spannende Rundweg knapp drei Kilometer lang, gut mit dem Kinderwagen befahrbar und an seinem Ende wartet ein zauberhafter Waldspielplatz auf die kleinen Abenteurer. Ebenfalls für jeden zugänglich und sogar barrierefrei ist der *Pfad der Sinne* direkt am Walderlebniszentrum. Im Schatten mächtiger Eichen entfaltet sich die Magie des Waldes und man lauscht, schmeckt, fühlt, entdeckt und riecht bei jedem Besuch etwas Neues. An Wochenenden und Feiertagen könnte das neben würzigem Baumharz oder erdigem Moos zum Beispiel der Duft von frisch gebackenen Waffeln und aufgebrühtem Kaffee sein, der sanft vom *Wald-Café* herüberweht.

Entspannen und genießen oder mitmachen und experimentieren. Der Wald ist zu jeder Jahreszeit und bei jedem Wetter anders – ein kostenloses Abenteuer für alle.

Auf der Waldrallye sind Sie als Detektiv unterwegs und beantworten knifflige Fragen.

Zuerst die S7 bis Höllriegelskreuth nehmen, anschließend den Regionalbus 271 bis zur Haltestelle Grünwald Friedhof. Von dort aus sind es zu Fuß noch knapp zehn Minuten bis zur Sauschütt.

61

Schlossgut Oberambach
Das Biohotel
am Starnberger See
Oberambach 1
82541 Münsing
08177 9323
www.schlossgut.de

Nachhaltig entspannen

Biohotel *Schlossgut Oberambach*

Das *Schlossgut Oberambach* ist ein Ort zum Träumen, und zwar im wahrsten Sinne des Wortes. Bereits seit 2002 sind die geschichtsträchtigen Hallen des ehemaligen Herrensitzes als Biohotel zertifiziert und garantieren ihren Gästen damit gesundes Raumklima ohne Schadstoffe und Elektrosmog.

Perfekte Bedingungen, um sich in einem der 40 liebevoll eingerichteten Zimmer vom Stress des Alltags zu erholen und richtig auszuschlafen. Wo einst Adelige, Künstler und Literaten verkehrten, sorgen heute Naturmaterialien, Licht und hochwertiges Interieur für ganzheitliche Entspannung. Dabei folgte die Rundum-Renovierung in den 1990er-Jahren einem konsequent ökologischen Gesamtkonzept, von der Klospülung mit Regenwasser über Lehmputz bis hin zum Ökostrom. In der Postkartenidylle hoch über dem Starnberger See ist so ein echtes Juwel der nachhaltigen Hotellerie entstanden, das Wochenendgäste, Urlauber und Tagungsteilnehmer verantwortungsvoll verwöhnt. Für noch mehr Entspannung sorgt das breite Angebot an »Green Wellness« im Vitalzentrum des Schlossguts. Massagen, Beautybehandlungen, Ayurvedakuren, Sauna und Co. lassen die Zeit vergessen. Danach ein erfrischendes Bad im Naturschwimmteich oder ein kleiner Spaziergang, und man fühlt sich wie neu geboren.

Fehlt nur noch eines zum perfekten Glück: gutes Essen. Selbstverständlich bietet das *Schlossgut Oberambach* auch eine hervorragende Küche, die zu 100 Prozent Bio-Zutaten verwendet. Im Restaurant können Hotelgäste und neugierige Besucher in regionalen Köstlichkeiten schwelgen und sich vom Frühstück bis zum Abendessen durch die jeweilige Saison schlemmen.

Immer sonntags lädt das *Schlossgut Oberambach* zum gemeinsamen Picknick ein. Essen und Trinken einfach mitbringen oder das Bio-to-go-Angebot nutzen, das mit kleinen Köstlichkeiten wie herzhaften Bowls, Salaten oder Kaffee und Kuchen aufwartet, die es am Fenster des Schlosses zu kaufen gibt.

Mit der S7 nach Wolfratshausen und dann weiter mit dem Regionalbus 373 nach Ambach. Von dort sind es noch 750 Meter zum Schlossgut.

62

»Der Obere Wirt« zum Queri
Georg-Queri-Ring 9
82346 Andechs-Frieding
08152 91830
www.queri.de

RUHE UND GEMÜTLICHKEIT

Landgasthof *»Der Obere Wirt« zum Queri* in Frieding

Wer Andechs hört, denk meist schnell an zwei Dinge: Deutschlands größte Biomolkerei und den »Heiligen Berg« mit seinem berühmten Benediktinerkloster und der hauseigenen Brauerei. Andechs, am Ostufer des Ammersees, ist ein großartiges Ausflugsziel und steht dank all seiner Highlights und Sehenswürdigkeiten völlig zu Recht auf der Bucketlist eines jeden Münchners. Doch eines ist dieser Ort sicher nicht: ein Geheimtipp. Es sei denn, Sie begeben sich auf ruhigere Pfade und wandern einfach etwas abseits der Touristenströme.

Eine wunderbare Möglichkeit ist zum Beispiel ein Spaziergang zum Traditions-Landgasthof *»Der Obere Wirt« zum Queri*, wo typisch bayerische Küche, regionalen Köstlichkeiten und Fleisch aus der eigenen Bio-Landwirtschaft für den kulinarischen Höhepunkt des Tages sorgen. Von Herrsching aus geht es zunächst vom Seeufer auf den »Heiligen Berg«, ein geologisches Relikt der letzten Eiszeiten. Oben angekommen belohnt Sie ein herrlicher Blick über den Ammersee und das Fünfseenland. Ab hier wird es beschaulicher, denn Sie lassen Biergarten und die prunkvolle Wallfahrtskirche aus dem 15. Jahrhundert hinter sich. Mit dem charakteristischen Zwiebelturm im Rücken führt Sie der *Andechser Waldweg* auf rund fünf Kilometern weg vom Kloster. Durch kleine Wäldchen und vorbei an Feldern und Wiesen geht es bis zum Zielort Frieding mit seinem gemütlichen Landgasthof. Im *»Der Obere Wirt« zum Queri* haben Sie die Qual der Wahl: Im Sommer lockt der Biergarten mit seinen alten Kastanienbäumen zur Einkehr abseits des Trubels, aber auch Gewölbekeller und die holzvertäfelten Wirtsstuben versprechen eine erholsame und genussvolle Auszeit vom Alltag.

Neben all den regionalen Köstlichkeiten ist hier das Rindfleisch sehr zu empfehlen, das aus der eigenen Bio-Landwirtschaft mit Hofschlachtung stammt.

Mit der S8 nach Herrsching und dann zu Fuß über das Kienbachtal oder Pähl nach Andechs und weiter nach Frieding. Oder ab Herrsching mit dem Bus 950 nach Frieding fahren.

63

Il Plonner
Gautinger Straße 52
82234 Weßling-Oberpfaffenhofen
08153 916127
www.ilplonner.de

EINFACH WOHLFÜHLEN

Gasthof *Il Plonner* in Oberpfaffenhofen

Bodenständiger Genuss mit viel Herz – wer einmal im *Il Plonner* zu Gast war, der wird mit ziemlicher Wahrscheinlichkeit wieder kommen. Hier ist Gastfreundschaft nicht nur ein Wort. Der uralte Dorfgasthof ist ein Ort zum Wohlfühlen und einfach Sitzenbleiben. Zum Ratschen, zum Miteinander-Lachen und selbstverständlich auch, um richtig gut zu essen.

Für viele ist es heutzutage nicht mehr genug, dass es »nur« gut schmeckt. Immer mehr Gäste interessieren sich für die Geschichten hinter den Speisen auf ihren Tellern und wollen wissen, wie die einzelnen Zutaten erzeugt wurden. Egal, ob Sie ein »Genießer« oder »bewusster Genießer« sind, in dem Traditionswirtshaus in Weßling am Ammersee sind Sie stets goldrichtig. Denn seit über zehn Jahren weht statt Bierdunst und Stammtischparolen ein frischer Wind durch das jahrhundertealte Gemäuer, der dem engagierten Ehepaar Carola und Domenico Petrone zu verdanken ist. Frei nach dem Motto »Frisch. Bio. Aus der Heimat« kocht das Paar italienisch-bayerische Spezialitäten mit Raffinesse und ausschließlich aus Bio-Zutaten. Dabei dürfen selbstverständlich Klassiker wie die knusprige Pizza aus Dinkelmehl, leckere Antipasti oder das saftige Münchner Schnitzel nicht fehlen. Eine wunderbar stimmige Kombination der kulinarischen Völkerverständigung mit italienischem Charme und traumhafter Fünfseenland-Kulisse, die Alt und Jung gleichermaßen begeistert. Wer nach einem gemütlichen Abend nicht mehr nach Hause fahren möchte, der kann gleich dableiben. Neben der Bio-Gastronomie bietet das *Il Plonner* als zertifiziertes Biohotel auch Zimmer mit Wohlfühlatmosphäre und ökologischer Ausstattung, die von regionalen Künstlern liebevoll mitgestaltet wurden.

Von Live-Musik mit lokalen Musikern bis zum italienischen Abend. Ein Blick in den Veranstaltungskalender auf der Facebookseite des Restaurants lohnt sich.

Mit der S6 nach Starnberg Nord und von dort aus mit dem Regionalbus 955 bis zur Haltestelle Oberpfaffenhofen fahren. 

64

Buschwindröschen an den Flussauen der Würm
Startpunkt Wanderung:
Würmbrücke
Weinbuchweg/Ecke
Würmstraße
82166 Gräfelfing

ALLES FLIESST …

Wanderung entlang der Würm

Beruhigendes Plätschern und Leben im und am Fluss. Für so manch einen mag es überraschend klingen, aber wenn von einem Fluss in München die Rede ist, muss damit nicht immer zwingend die Isar gemeint sein. Im Westen der Stadt gibt es noch eine weitere Lebensader, die sich von Pasing im Süden bis Allach-Untermenzing im Norden an Häusern entlang- und durch Stadtparks schlängelt. Die Würm entspringt als einziger Abfluss dem Starnberger See und gab dem einstigen Würmsee sogar bis 1962 seinen Namen. Auf den gerade einmal 39,5 Flusskilometern bis zur Würmmündung in die Amper bei Dachau gibt es viel zu entdecken. Während der sanfte Fluss in früheren Tagen noch ein wichtiger Mühlenfluss war, speist er heute die imposante Fontäne im Nymphenburger Schlosspark sowie den Olympiasee und bietet Bibern, Flussbarben und Forellen einen vielfältigen Lebensraum.

Doch wer der Würm ihre wahren Geheimnisse entlocken möchte, der sollte sich unbedingt ihrem Rauschen und Plätschern hingeben und ein Stück mit dem Fluss wandern. Ein wunderbarer Einstieg ist die Würmbrücke am Weinbuchweg in Gräfelfing, die gleich zu Anfang mit einer grünen Oase aufwartet. In einem renaturierten Flussabschnitt gibt es idyllische Liegewiesen, Kiesstrände, eine Kneipp-Anlage und sogar ein historisches Wasserrad aus Holz, das Jahr für Jahr zahlreiche Hochzeitspaare für ein Fotoshooting an das Ufer der Würm lockt.

Wer sich nicht einfach treiben lassen möchte, der kann sich nicht weit flussaufwärts im Pasinger Stadtpark auf den *Würmlehrpfad* begeben. An insgesamt sieben Themenstationen bis Allach-Untermenzing liefert die interaktive Webseite www.wuermentdecken.de jede Menge Wissenswertes zum Leben am Fluss und zu seiner einzigartigen Flora und Fauna.

Besuchen Sie in den Sommermonaten etwas weiter südlich das *Planegger Wellenbad*, ein kostenloses Flussschwimmbad nur einen Kilometer vom S-Bahnhof Planegg entfernt.

Die S6 bringt Sie nach Gräfelfing. Nach rund eineinhalb Kilometern zu Fuß erreichen Sie die Würmbrücke am Weinbuchweg. 

65

Pfefferminzmuseum Eichenau
Parkstraße 43
82223 Eichenau
08141 7646
www.minzmuseum.de

DER DUFT BEWEGTER ORTSGESCHICHTE

Eichenauer Pfefferminzmuseum

Eine kleine, kräftige Pflanze, krautartig und kaum mehr als einen halben Meter hoch. Dunkelgrüne Blätter an violetten Stielen, hübsche, zartrosa Blüten, die Bienen und allerlei andere Insekten wie magisch anziehen. Und nicht zu vergessen ein ätherisch-würziger Duft: Das ist die Pfefferminze, eine beliebte Heil- und Gewürzpflanze, die heute aus unserem Leben kaum mehr wegzudenken ist. Vom wohltuenden Tee über spritzige Cocktails bis zum Kaugummi für frischen Atem. Alle lieben das »Bauchwehkraut«, wie die Minze in früheren Tagen oft liebevoll genannt wurde.

Wussten Sie schon, dass noch bis 1958 die kleine Gemeinde Eichenau im Landkreis Fürstenfeldbruck eines der wichtigsten Anbaugebiete für Pfefferminze in Spitzenqualität war? Auf über 40 Hektar kultivierten Bauern das Heilkraut auf den Eichenauer Moorböden und beschäftigten Hunderte von Saisonarbeitskräften. Später mussten die Minzfelder neuen Siedlungen weichen und der Pfefferminzanbau verlor seine große wirtschaftliche Bedeutung für die Region.

Vergessen sind die alten Zeiten allerdings nicht, und seit mehr als 30 Jahren erzählt das einzigartige Pfefferminzmuseum von Eichenaus würzig-duftender Blütezeit. Zu sehen gibt es lebendige Ortsgeschichte, Wissenswertes rund um das Heilkraut, alte Maschinen und Gerätschaften, liebevoll zusammengetragen und archiviert. Dank der Initiative und des großen ehrenamtlichen Engagements des *Fördervereins Pfefferminzmuseum Eichenau e.V.* wird heute für das Museum wieder Pfefferminze vor Ort angebaut und verarbeitet. Auf kleiner Fläche, in Handarbeit und ohne Pestizide. Den fertigen Tee können Sie in getrockneter Form für zu Hause kaufen und wer weiß? Vielleicht sind Sie ja ebenso begeistert wie unsere Altkanzlerin, die den Tee einmal höchstpersönlich bestellte.

Die Öffnungszeiten des kleinen Museums sind sehr begrenzt. Daher vor dem Besuch unbedingt auf der Webseite nachsehen.

Sie erreichen das Pfefferminzmuseum mit der S4/S20. Ab der Haltestelle Eichenau geht es weiter mit dem Regionalbus 860 bis Friedenskirche.

66

Fürstenfelder Restaurant
Fürstenfeld 15
82256 Fürstenfeldbruck
08141 88875410
www.fuerstenfelder.com

BIO-GENUSS UND KULTUR

Restaurant *Fürstenfelder*

Manchmal ist es schon seltsam. Da haben die Münchner wahre Schätze direkt vor ihrer Haustüre und doch kennen sie viele nur als Ausfahrten, wenn sie auf der Autobahn daran vorbeifahren. Fürstenfeldbruck gehört definitiv zu dieser bayerischen Terra incognita und das völlig zu Unrecht. Die Kreisstadt bietet nämlich genug wunderbare Sehenswürdigkeiten, um einen Wochenendausflug gut zu füllen. Romantischer Altstadtflair, eine Wallfahrtskirche, die Amperauen, die sagenumwobene *Edignalinde* im Stadtteil Puch, deren hohes Alter nur schwer zu schätzen ist – all das ist von München aus in weniger als 30 Minuten bequem mit der S-Bahn zu erreichen. Das kann sich durchaus sehen lassen. Nicht vergessen sollte man auch das ehemalige Zisterzienserkloster Fürstenfeld mit seiner atemberaubenden Barockkirche *St. Maria Himmelfahrt* und der ehemaligen Klosteranlage. Hier locken heute Kunst, Kultur und eine hervorragende Gastronomie zahlreiche begeisterte Besucher.

Die wohl beste Adresse für nachhaltigen Genuss ist das Restaurant *Fürstenfelder* im früheren Kuhstall des Klosters. Statt mit Gras und Heu verwöhnt das Team von Uschi und Gerhard Kohlfürst seine Gäste mit gehobener, moderner Bio-Küche und auch Vegetarier und Veganer gehen mit einem zufriedenen Lächeln nach Hause. Hochwertige Produkte, langjährige Partnerschaften mit Landwirten und Erzeugern, Kreativität und Liebe zu gutem Essen verbinden sich in den atmosphärischen Räumlichkeiten zu einem Gaumenschmaus der Extraklasse. Kein Wunder, dass die innovative und nachhaltige Küche 2021 mit dem grünen Michelin-Stern ausgezeichnet wurde. Wer nicht in skandinavisch angehauchtem Stil im gemütlichen Kappengewölbe speisen möchte, der kann es sich in der warmen Jahreszeit draußen im Hof des Zisterzienserklosters bequem machen und den herrlichen Ausblick genießen.

Sie wollen länger bleiben? Zur *Fürstenfelder*-Familie gehört auch ein Vier-Sterne-Biohotel – nur einen Katzensprung vom Restaurant entfernt.

Mit S4 und S20 geht es bis Fürstenfeldbruck. Vom Bahnhof aus erreichen Sie das Restaurant nach einem rund einen Kilometer langen Spaziergang.

67

Erzabtei St. Ottilien
Erzabtei 1
86941 Eresing-St. Ottilien
08193 710
www.erzabtei.de

Missionsmuseum der Erzabtei St. Ottilien
Erzabtei 1
86941 Eresing-St. Ottilien
08193 710850
www.missionsmuseum.de

EINE OASE DES FRIEDENS

Erzabtei St. Ottilien

Unser Leben ist schnell geworden, vielleicht sogar ein bisschen zu schnell und zu hektisch für manche von uns. Emails im Sekundentakt, Termine und To-do-Listen verlangen uns einiges ab, und oftmals ist es schwer, bei all dem Trubel noch die Nerven zu behalten. Wie gut, dass nur 40 Kilometer westlich von München eine Insel der Ruhe und Beständigkeit dem Stress der Moderne trotzt. Die benediktinische Erzabtei St. Ottilien ist eine Oase des Friedens inmitten von Feldern, Wiesen und kleinen Wäldchen. Dabei ist das Kernstück der Klosteranlage bereits weithin sichtbar, das Klostergebäude und die Herz-Jesu-Kirche mit ihrem neugotischen, 75 Meter hohen Spitzturm. Die Ordensgemeinschaft in St. Ottilien lebt nach der schlichten Formel »Bete, arbeite und lies«, weshalb zum Klosterdorf zahlreiche Werkstätten und eine rund 500 Hektar große Landwirtschaft mit Ackerbau, Rinderzucht, Milchwirtschaft und eigenem Geflügelhof gehören. Die regional erzeugten Produkte vom Hühnerei über frisch gebackenes Brot bis hin zum goldgelben Kräuterlikör finden Sie direkt vor Ort im *Hofladen St. Ottilien* und im Klosterladen.

Für neugierige Besucher gibt es auf dem weitläufigen Gelände viel zu entdecken. Ein digitaler Klosterführer führt Sie mittels QR-Codes auf vier verschiedenen Rundgängen zu den mehr als 40 Sehenswürdigkeiten. Wenn der Hunger naht, sorgen ein Gasthof mit Biergarten und das Klostercafé für das leibliche Wohl. Sie suchen nichts als Ruhe und Besinnung? Dann bietet Ihnen das *Ottilienheim* einfache Unterkünfte und wohltuenden Minimalismus auf Zeit. In der Geborgenheit dieses spirituellen Ortes in die Stille eintauchen und Kraft tanken für die Herausforderungen des Alltags. Selbstverständlich sind alle willkommen, egal, ob gläubig oder nicht.

Besuchen Sie das kleine Nähmaschinenmuseum und das Missionsmuseum zur Geschichte des ältesten Missionshauses in Deutschland.

Die S4 fährt Sie bis zum Bahnhof Geltendorf und von dort sind es noch circa 20 Minuten zu Fuß. Eine kürzere Alternative ist der Zug ab Bahnhof St. Ottilien auf der Bahnstrecke Augsburg-Weilheim.

68

Haspelmoor
Startpunkt Wanderung:
Bahnhof
Bahnhofstraße 2
82285 Hattenhofen
www.haspelmoor.de

MEHR ALS EIN CO2-SPEICHER…

Haspelmoor

Ein Moor mit eigenem Bahnanschluss? Klingt kurios, aber das Naturschutzgebiet Haspelmoor westlich von München hat tatsächlich seinen eigenen Bahnhof. Was heute umweltbewusste Naturentdecker freut, war Mitte des 19. Jahrhunderts bei Planung und Bau der Bahnlinie München-Augsburg nicht nur eine absolute Sensation und technische Meisterleistung, sondern die bis dato erste Eisenbahntrasse, die quer durch ein Moor führte. Leider mit negativen Konsequenzen für dieses komplexe Ökosystem, denn der weiche Boden wurde entwässert und verdichtet. Schließlich nutzte die *Königliche Torfgewinnungs-Anstalt* den praktischen Bahnhof für den Abtransport von Torf, der im großen Stil von zeitweise bis zu 1.600 Arbeitern gestochen wurde. In nur wenigen Jahren hätte der Mensch um ein Haar das zerstört, was die Natur in mehr als 10.000 Jahren geschaffen hatte. Zum Glück verstehen wir mittlerweile besser, dass Moore mehr als frei verfügbare Rohstoffe und Nutzfläche sind. Schließlich können sie nicht nur enorme Mengen an klimaschädlichem Kohlendioxid dauerhaft binden, sie speichern auch Wasser und schützen uns vor Hochwassern und Überschwemmungen. Dazu sind sie artenreiche und wertvolle Ökosysteme.

Durch Wiedervernässung und Renaturierung bietet das Haspelmoor heute wieder Lebensraum für bedrohte Tier- und Pflanzenarten. Mit seinen 157 Hektar ist das Naturschutzgebiet ein echtes Highlight für Naturliebhaber. Vom Bahnhof aus folgt man zunächst der Teerstraße Richtung Südwesten bis schließlich nach etwa 300 Metern rechts ein kleiner Pfad in die zauberhafte Moorlandschaft entführt. Besonders schön ist es, wenn die bauschigen Samenstände der Wollgräser im Frühsommer im Wind tanzen und im Spätsommer die purpurne Besenheide blüht.

Unbedingt auf den Wegen bleiben, da Torfmoos sehr trittempfindlich ist und schnell großen Schaden nimmt.

Zwar lässt sich das *Haspelmoor* auch mit dem Regionalbus vom S-Bahnhof Fürstenfeldbruck erreichen, aber ich empfehle Ihnen den Regionalexpress RB86 oder RB87 bis zur Haltestelle Haspelmoor.

69
Schloss Dachau
Schlossstraße 7
85221 Dachau
08131 87923
www.schloesser.bayern.de
Tourist-Information der Stadt Dachau
Konrad-Adenauer-Straße 1
85221 Dachau
08131 75286
www.dachau.de/tourismus

ES BRUMMT UND SUMMT …

Hofgarten Schloss Dachau

Jahr für Jahr besuchen über 900.000 interessierte Menschen aus aller Welt die *KZ-Gedächtnisstätte Dachau*, um sich gemeinsam zu erinnern und aus der Geschichte zu lernen. Für viele ist die Große Kreisstadt an der Amper untrennbar mit dem Konzentrationslager der Nationalsozialisten verbunden. Kein leichtes Erbe und für Dachau der Anlass für eine bewusste und verantwortungsvolle Erinnerungskultur, die sich Tag für Tag mutig dem Vergessen entgegenstellt. Neben dem ehemaligen *KZ* und *Stolperstein-Spaziergängen* gibt es aber noch mehr gute Gründe, um Dachau zu besuchen. Das Umland verspricht abwechslungsreiche Wanderungen und Radtouren durch eine hügelige Landschaft, die Au der Amper oder das *Dachauer Moos.* Die malerische Altstadt wiederum lockt mit historischen Bürgerhäusern, Museen und Galerien.

Eine besondere Kombination von Naturerlebnis und Kulturgeschichte ist dem Schloss Dachau gelungen, einst beliebte Sommerresidenz der Wittelsbacher. Auf dem Schlossberg hoch über der Altstadt kann es nicht nur mit einem herrlichen Panoramablick von München bis zu dem Alpen aufwarten, der prächtige Hofgarten ist auch ein wahres Juwel der Gartenkunst und eine Ruheoase mitten in der Stadt. Ein barocker Laubengang aus uralten Linden, üppige Blumenrabatten, Streuobstwiesen mit alten Apfelsorten, ein kleines Wäldchen und die berühmten »hängenden Gärten« des Schlossberges mit ihrem kostbaren Spalierobst zeugen vom Zeitgeist und Stil verschiedener Epochen. Für Insektenfreunde wartet im hinteren Teil des Hofgartens, dem sogenannten Englischen Garten, eine Überraschung. Auf dem Bienenlehrpfad erfahren Sie allerlei Wissenswertes über die nützlichen Insekten und dürfen die Tiere in ihren speziellen *Bienenkugeln* sogar aus der Nähe beobachten.

In den Sommermonaten können Sie den Schloss-Honig an der Tourist-Information Dachau kaufen.

Mit der S2 nach Dachau fahren und knapp 20 Minuten zum Schloss spazieren. Oder mit dem Regionalbus 719 oder 722 zur Haltestelle Dachau Rathaus. Ab da sind es nur noch drei Minuten zu Fuß.

70

Gärtnerei Obergrashof
Obergrashof 1
85221 Dachau
08131 20011
www.obergrashof.de

Hier ist die Vielfalt zu Hause

Gärtnerei Obergrashof

Woher kommen eigentlich unsere Lebensmittel und was hat es mit der Bezeichnung »Bio« tatsächlich auf sich? Wenn Sie diese Themen umtreiben, oder wenn Sie vielleicht sogar (noch) skeptisch sind, was die ökologische Landwirtschaft betrifft, dann wird Ihnen dieser Lieblingsplatz sicher gefallen. Auf dem Obergrashof in Dachau dürfen Sie sich vor Ort überzeugen, hinter die Kulissen schauen und jede Menge Fragen stellen. Der »ökologische Demonstrationsbetrieb« östlich von Dachau am Rande des Naturschutzgebietes *Schwarzhölzl* bietet ein vielfältiges Programm an Veranstaltungen, Führungen, Vorträgen und umweltpädagogischen Erlebnissen. So können sich Kinder und Jugendliche zum Beispiel an den *Bauernhoftagen* austoben und je nach Jahreszeit helfen, Getreide anzusäen, Brot zu backen oder im Herbst Kraut zu stampfen. Hier ist der Bauernhof ein Lernort für alle Sinne und gibt Raum für die Entwicklung der Selbstwirksamkeit. Zudem geht der Obergrashof als gutes Beispiel für innovative, biodynamischen Landwirtschaft voran.

Bereits seit 1991 herrscht auf dem Hof das tiefe Bewusstsein, dass alles mit allem zusammenhängt, weshalb das Team in ökologischen Kreisläufen denkt und arbeitet. Das Ergebnis ist ein natürliches Gleichgewicht von lebendigem Boden, gesunden Pflanzen und Tieren und dem Menschen. Statt auf Masse um jeden Preis wird mit viel Herzblut auf Vielfalt gesetzt. Diesen Einsatz für die Nachhaltigkeit können Sie sehen und schmecken. Im gut sortierten Hofladen gibt es Rindfleischerzeugnisse und verschiedenste Gemüsesorten von Blattsalaten über Wurzelgemüse bis hin zu Getreide. Alles frisch, regional und in bester Demeter-Qualität.

Der Obergrashof engagiert sich auch in der Pflanzenzucht und entwickelt zusammen mit dem Verein *Kultursaat* samenfeste Gemüsesorten. Fragen Sie im Hofladen nach den besonderen Eigenkreationen.

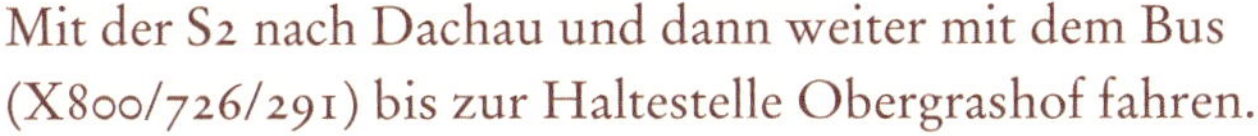

Mit der S2 nach Dachau und dann weiter mit dem Bus (X800/726/291) bis zur Haltestelle Obergrashof fahren.

Blühender Bärlauch in den Isarauen bei Freising

Mira Nograsek
Lieblingsplätze Wien nachhaltig
192 Seiten, 14 x 21 cm
Klappenbroschur
ISBN 978-3-8392-2928-6
€ 18,50 [D] / € 19,00 [A]

Herzlich willkommen in der »grünsten Stadt der Welt«! Mit einem Nationalpark innerhalb der Stadtgrenzen, zahlreichen Parks und einem hervorragenden öffentlichen Nahverkehr hat Wien allerhand für das umweltbewusste Herz zu bieten. Folgen Sie Mira Nograsek zu ihren nachhaltigen Lieblingsplätzen und lernen die Metropole von einer anderen Seite kennen. Genießen Sie Wiener Kaffeehauskultur in Bio-Cafés und probieren sich durch das Angebot von Bio-Restaurants und Unverpacktläden. Bewusster Genuss und Freizeitspaß mit der ganzen Familie sind garantiert!

Elisabeth Green
Lieblingsplätze Berlin nachhaltig
192 Seiten, 14 x 21 cm
Klappenbroschur
ISBN 978-3-8392-2612-4
€ 18,00 [D] / € 18,50 [A]

Sie wollen Ihre freie Zeit bewusst gestalten? Ihren ökologischen Fußabdruck so klein wie möglich halten, ohne auf Vergnügen, Shoppen oder Restaurantbesuche zu verzichten? Elisabeth Green verrät Ihnen Plätze in Berlin, an denen Sie Genuss und Gewissen miteinander in Einklang bringen können. Ob Ausflüge in die Natur, ein Abstecher in Bio-Cafés oder faire und nachhaltige Einkaufstipps – auf dem Streifzug durch die Hauptstadt überzeugen alle Orte mit einem grünen Konzept und versprechen zugleich ausgelassenen Freizeitspaß!

GMEINER